文春文庫

逃北

つかれたときは北へ逃げます

能町みね子

文藝春秋

逃北

〜つかれたときは北へ逃げます

目次

第1章 この北に逃げたい衝動を、私は「逃北」と呼ぶ 007
第2章 「逃北以前」の旅は、真冬の青森だった（2001年21歳） 033
第3章 三陸海岸にて（2001年22歳） 053
第4章 逃北開眼、青森のトンガリ（2001年22歳） 073
第5章 三十歳・誕生日の北（2009年30歳） 097
第6章 観光地・夕張（2009年30歳） 109

第7章　三十一歳の誕生日は雪さえあればいい（2010年31歳）　131
第8章　逃北の極致、グリーンランド（2010年31歳）　143
第9章　突発的、最北端生活（2011年32歳）　193
第10章　帰北、北のお墓参り（2008年29歳）　213
第11章　逃北から敗北へ（2012年33歳）　233
[文庫版特別対談]　能町みね子×千葉雄大「チームひとり旅」結成！　246
あとがき　271

ブックデザイン ………… 関口信介

イラスト・写真 …… 能町みね子

DTP ……………… エヴリ・シンク

第1章

この北に逃げたい衝動を、私は「逃北」と呼ぶ

いつでも北に逃げたい。私は。

南の開放感、暖かさ、ほんとにいいものです。旅行でおとずれた春の沖縄は気持ちよかったよ。タイもよかったね。弛緩してた。たいがいのことはどうにかなるんじゃないの～、っていう楽天的な気持ちになれそうだった。

でも、南に住みたいとか、南の国で人生をやり直す夢を描いたりとか、そういう気持ちはまったくない。沖縄やタイに住むなんて想像もつかないし、はっきり言って絶対にいやだ。

私は、キツいときこそ北に行きたくなるのだ。都会での生活に倦《う》んだとき、南に行って気楽になろうという方面に考えは進まず、北に行ってしまいたくなる。

大学生のときだったか、ふっと思ったこと、それは、なにもかも打ち棄《す》てて突然どこかに行ってしまって、知り合いも頼りもまったくなくカネもないのでコンビニのアルバイトか何かをして、そのうちどうにか就職して、そこで生きてゆくのだ、ということ。それは、ぜんぶやり直してしまう、という夢。鈍くかがやける夢。

その目的地としてなんとなく思い浮かべていたのは、なぜか新潟だった。なぜ新潟が思いついたのかはよく分かりません。何の縁もないし、行ったこともなかった。でも、そういうふうにまるごと今までの自分を生ゴミにしてポリ袋にでも抛《ほう》りこんでパッと新幹線に飛び乗って着く先は寒い日本海の見える街がいいように思った。

今でもそういう、ふいにのたうちまわるほどすべてが嫌になったとき、虚しさと倦厭《けんえん》のからみあいの膨張が収斂《しゅうれん》していくさきは北なのです。そのころは、まるで縁のない新潟がそれにぴったりだと思っていた。最初に入った会社を辞めようって思ったときには青森に行った。三十歳の誕生日には、雪深い北海道に行った。そして今も私は、仕事に飽きれば札幌や仙台の不動産情報などをネット上で探し、北での生活を夢想している。

この北に逃げたい衝動を、私は「逃北《とうほく》」と呼んでいます。

逃北は暴発です。爆発じゃない、暴発。

東京にいてお仕事をしていて、日々なんとなく心身の不調やイラつきなんかが蓄積されていって、じんわりじんわりネジが巻かれていく。そして、ある瞬間にネジの押さえが外れてぎゅるんと高速回転すると、北に飛んでいるって寸法です。いつも私は北を向いた砲台の中にいる。そして、日々仕事しながらこつこつネジを巻いてるのだ。

逃北は、ただ単に辛い気持ちを寒い土地で倍々にふくらませる行為ではありません。空気が冷たく張りつめた、どこか殺伐とした場所に自分を追いこむことが私にとっての癒しなんです。

なんとなくコンビニ店員か
自転車通勤。
ふう…
スーパーのレジ打ちがいいな
駐車場の広い郊外型。

「北」とはどこか

ところで、「北」とはどこなのか。私はどの範囲を「北」ととらえているのか。

これは本当に感覚的な問題。私が北だと思うところは北です。「北っぽい」と感じるところであれば、十分に逃北できます。北緯何度から線を引いてここから上ですってわけにはいかない。

世界を考えるとややこしくなるので、ちょっと日本国内で考えてみましょうか。

まず、北海道はもちろんのこと、東北地方全体が逃北の対象です。なかでも日本海側は北っぽさが濃厚。関東に入るとだいぶ北らしさは弱まるけど、北関東の北の方、日光とか尾瀬とかはわりと北かもしれない。でも、東京近郊はもちろん北じゃない。

ややこしいのはそこから先だ。

日本のどこが北か!?

このへんは文句ない!
北海道
東北
新潟
北
このへんはあやふや…
なぜかこのへんは「北」感強い!!
隠岐島
島根
鳥取
このへんはとっても南!

緯度は下がるけど、北陸も逃北の対象になりそうです。だいたい「北」という字がついているし、世界有数の豪雪地帯だから北っぽさは十分です。しかし、富山、石川と南下してきて、福井までくるともうだいぶもやもやしている。正直、福井はよく知らない。行ったことがないのでイメージがわかない。内陸では、長野市は、街を歩いたときに北のような気がした。松本もけっこう北を感じた。でも、言うまでもなく、静岡はぜんぜん北じゃない。

ああ。当たり前のように「言うまでもなく」って書いちゃったよ。この「言うまでもない感」は共有されてるんでしょうか。私の考えでは、太平洋側の関東以南はさんさんと太陽の光がふりそそいでそうで、北らしさはないと思うのです。明るそうじゃないか。

日本海側に話を戻すと、福井でだいぶあやふやになったくせに、鳥取と島根には北らしさがあるように思う。この二つは行ったことがあるので、そのときの感覚です。となると、島根の北の沖合いにある隠岐島《おきのしま》なんて、行ったことはないけどどう考えても北です。しかし、福岡県に入るともうまるっきり北じゃない。九州や沖縄は北じゃない。

こうして見てみると、私は総合的に、「寒いところ」「曇ってそうなところ」「雪が降るところ」「日本海側」そして「なんとなくさみしいところ」を「北」として認識してるんじゃないかと思う。そして、さみしいところには「果て」の空気を求めてしまう。この先はない、どんづまり。そこに感じるのは閉塞感よりも、空や海が真っ黒い口を開けている空虚な開放感。それを私は「北」だと思っているようです。

世界中に「北」は存在する

そういえば、私は沖縄に行ったときでさえ北を気にしていたんだ。

沖縄本島って、南側に都市が集中しているんです。沖縄の入り口である那覇空港もかなり南寄り。対して沖縄本島の北側は、山原《やんばる》と呼ばれ、自然が多く残っているんだそうです。空港から沖縄本島の北の端まで行くのは車で三時間以上かかるらしい。

私は初めて沖縄へ旅行に行く前、何もなさそうな沖縄本島の北のほうが気になりはじめました。そこで、地図を見ながら沖縄の北側はどんなところだろうと想像してみた。やっぱり北側には街らしい街がなく、軍用地も多くて、ちょっとさみしそう。これといった観光地もなさそうです。

そんななか、最北端の辺戸岬《へどみさき》のあたりに意外なものがあった。

沖縄本島の最北端にある小学校、その名も、「北国小学校《きたくに》」！

沖縄県、国頭村立《くにがみそんりつ》北国小学校。

どうやら「国頭村の北」だから「北国」となったようですが、偶然とはいえまさか沖縄の北端に「北国」があるなんて。沖縄行きはどうしたって「逃北」じゃないけれど、あの南を象徴するような沖縄でも、北はきちんとさみしそうで、「果て」で、「北国」まである。こりゃできすぎです。

私はこのとき、世界中に「北」があると確信したね。東にも西にも、南にも北があるかもしれない。

結局そのときはスケジュール的に「沖縄の北国」には行けずじまいだったけど、沖縄ですら私は北に惹かれてしまったのだ。

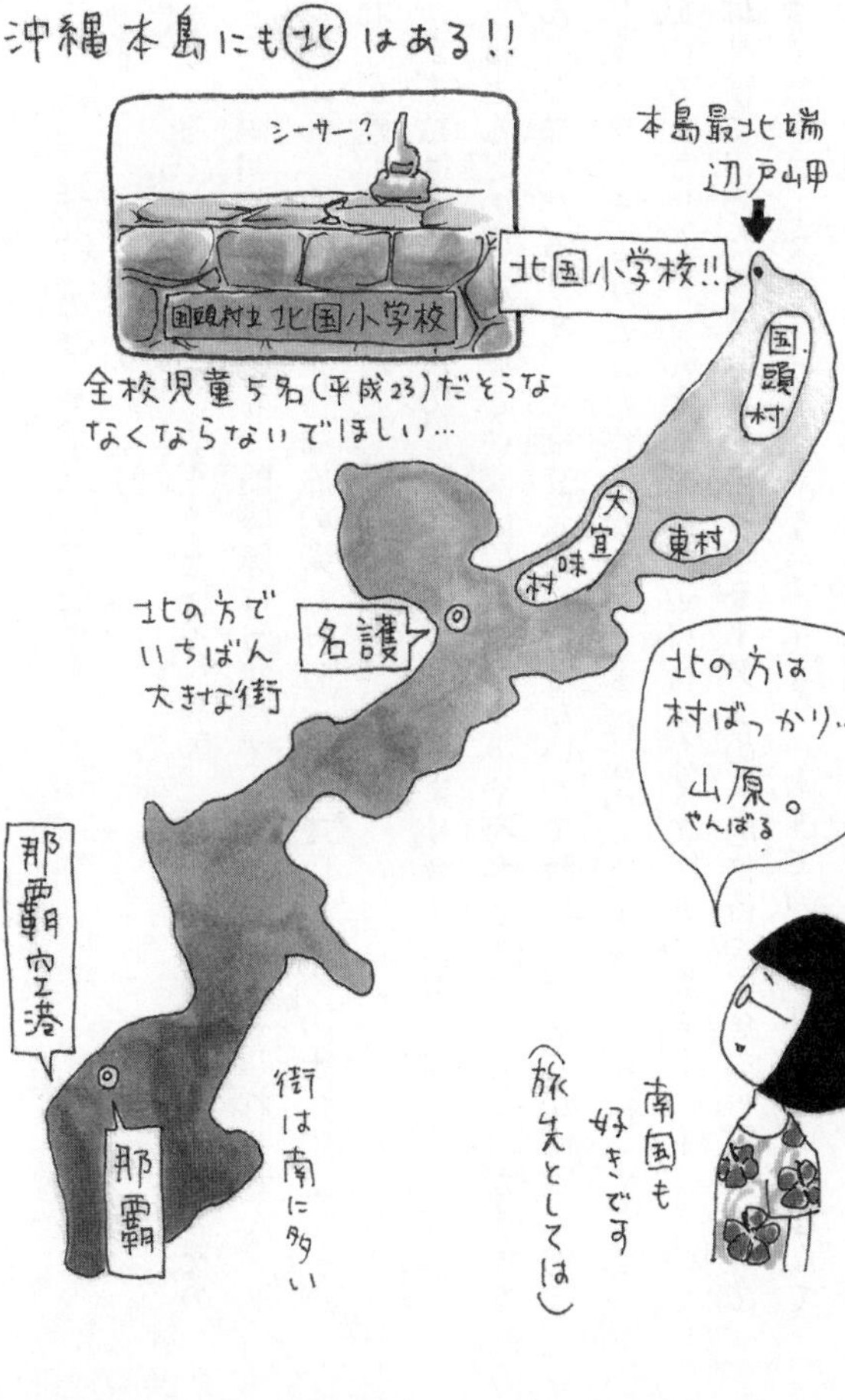
沖縄本島にも北はある!!
シーサー?
国頭村立 北国小学校
北国小学校!!
本島最北端
辺戸岬
全校児童5名(平成23)だそうな
なくならないでほしい…
国頭村
大宜味村
東村
北の方で
いちばん
大きな街
名護
北の方は
村ばっかり…
山原《やんばる》。
那覇空港
那覇
街は南に多い
南国も好きです
(旅先としては)

「逃北」の楽しみ方、教えます

ところで、「逃北」の話をするにあたって、まずは私の旅の楽しみ方そのものを説明しないと逃北の醍醐《だいご》味《み》は分かってもらえないかもしれません。私はたぶん、ちょっと独特な旅の楽しみ方を持っている。その土台の上に「逃北」が建っているのだ。

まず私は、旅のなかで、観光スポットをあまりメインにしない。

ほとんどの場合、旅といえば観光スポットや有名店をめぐることが中心なんじゃないだろうか。天橋立《あまのはしだて》を見に行きたいって時に、天橋立が何県の何市にあって、そこがどんな街かなんてことはふつうはどうでもいいでしょう。旅のきっかけが「なんとなく北海道に行きたくて」だったとしても、ふつうは札幌に行ったら時計台見て味噌ラーメンの名店に行って冬なら雪祭り見て、っていうコースをたどっちゃうでしょう。「南国でのんびりしたい」なんて言って沖縄に行っても、一応美《ちゅ》ら海《うみ》水族館には行きたくなっちゃうものじゃないですか。いくら気ままな旅といってもそんなもんじゃないですか。

しかし、私は観光地はわりとどうでもいい。

いや、「見とかなきゃな」の気持ちは多少分からなくもない。バルセロナに行くことがあったらやっぱりサグラダファミリア見たいな、くらいの気持ちはある。

でも、私は結局どうしても、観光地よりは地元の土着の臭いのする街の方が好きなんです。プーケット島に行ったときさえ、海には一日で飽きて街の散歩ばっかりしてたのだ。その街に観光スポットがあるとかないとか、根本的には関係ない。むしろ目立った観光スポットがない街の方に興味が湧いてしまう。超有名スポットがある場合は、むしろ「そこ以外」の部分ばっかり気にしちゃいます。

だから、旅のきっかけはある一つのスポットでも、地図で見て気になった街でもいいけれど、まずは行き先の場所・街をポイントとして定めて、その次にその周囲にある小さな材料の中から自分が楽しめるものを探すのがいつもの私の旅のパターンです。

私が「旅してみたい」って思うのは、「住んでみたい」って思うのとたぶんそんなに変わらない。私の旅は、そこに住むというバーチャル体験なのです。だから当然、どうしても住めないようなところ（南極とか、砂漠とか）にはまるで興味がない。

バーチャル移住だから、ガイドブックなんかいらない。だって、仮にその街に住んでたら、わざわざ都会で作ってる本にガイドしてもらおうなんて思いません。地元の情報は地元の人に聞いて判断したいし、できれば自力で探したいよね、と思う。

ただ、地図だけは絶対いる。

すばらしいインターネット革命のおかげで、今はお部屋に引きこもりながら日本国内ほとんどの場所の細かい住宅の形まで見られるようになりました。私は旅の前にまず、それで街をチェックしてしまいます。すごく気に入ってから、何度も行きたいような場所だったら、紙の地図も買います。現地に着いてからも、どんどん地図を入手します。商店街の観光マップとか地図付きのパンフレットとか、地元でしか手に入らないものは片っ端からもらっていきます。

そうして多種の地図によく目を通して、住人レベルの地理感覚を得ようとします。もちろん付け焼き刃だから、長く住む人には劣るに決まってる。でも、表面的には溶け込みたいのだ。

大学の卒業旅行ではじめて北へ

さて、私が初めて意識的に「北」に行ったのは、大学の卒業旅行。

私は学生時代に小さな旅はぽつぽつとしていたけれど、ろくにバイトもしていない学生だったのでお金もなく、海外はおろか、国内でも二泊以上の旅行はほとんどしていなかった。新潟に逃げる妄想も、結局妄想のままフェイドアウトしていました。卒業旅行くらいは少し長い日程を組もうと思い、両親の出身地である北海道に数年ぶりに行こうと思ったのです。それも最も寒い二月に、ひとりで。

もちろんカネはない。車も運転できない。だから新幹線も特急も一切使わず、すべて各駅停車のＪＲかバスでの移動です。

以下を見れば分かるように、旅程はむちゃくちゃだ。


一泊目、東京発・秋田行きの深夜バス（その後、青函《せいかん》トンネル経由で北海道へ）。

二泊目、函館発・札幌行きの深夜バス。

三～五泊目、網走の大学に通う友人宅（拠点にさせてもらって道東各地に行った。網走在住の友達も車を持っていなかったので、移動はすべて鉄道の各駅停車）。

六泊目、札幌発・函館行きの深夜バス。

七泊目、秋田発・東京行きの深夜バス。


距離が遠いこともあって北海道の親族とはだいぶ疎遠になっていたので、泊まらせてもらうのは気が引けた。だから、まともに泊まった場所はたまたま網走にひとり暮らししていた友達の家だけです。行きも帰りも深夜高速バスの二連泊、バス泊でサンドイッチになってる無謀な日程。若かったからこそ組めたんだろうなあ。

この旅の目的は、第一にただ「冬の北海道を見たい」ということだったん

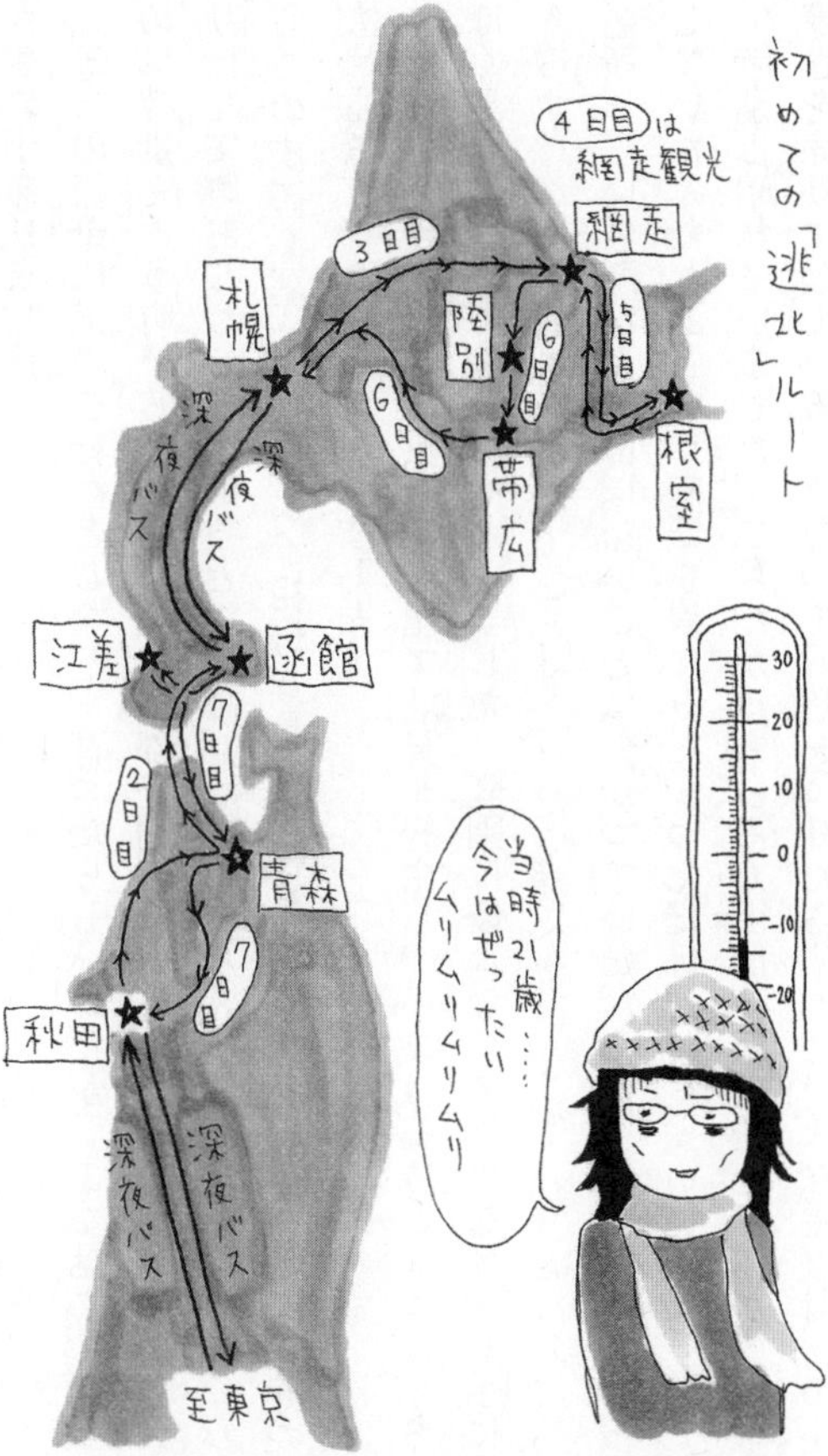
初めての「逃北」ルート
4日目は網走観光
網走
3日目
札幌
陸別
6日目
5日目
6日目
根室
帯広
深夜バス
深夜バス
江差
函館
7日目
2日目
青森
7日目
秋田
深夜バス
深夜バス
至東京
当時21歳……今はぜったいムリムリムリムリ
30
20
10
0
-10
-20

ですが、ほかに細かな目的として、「自分に縁のあるところが見たい」というものがありました。

母方の祖母は道内を転々としながら育ったらしいのだが、よく話にのぼるのは陸別《りくべつ》という町でした。北海道足寄《あしよろ》郡陸別町。いま「日本一寒い町」を売りにして町おこしをしているところですが、もちろん祖母が子供だったころもものすごく寒く、私はよく祖母から「学校まで行くあいだに睫《まつげ》毛が凍った」なんて話を聞いておりました。

旅の六日目、網走の友人宅を出て北見を経由し、いまは廃線となった「ちほく高原鉄道」で陸別に向かいました。陸別は僻地《へきち》なので詳細な地図も手に入らず、なにがあるかなんてことはまったく調べていなかった。だいたい、名所らしい名所なんてほぼないことは分かっていた。ただ祖母がここで暮らしていたんだなあという感懐を得てみたかっただけだから、いいのだ。

陸別は晴れていました。二月だからもちろん街は一面雪景色ですが、快晴。寒さを売りにしているだけあって、駅を降りたらすぐに巨大な温度計がでーんと構えている。青空のもと、温度計はマイナス13℃を示しておりました。

はーん。大したことないもんだね。

これがふぶいているならもちろん街歩きを断念するほどの厳寒に感じるのでしょうが、快晴・微風のマイナス13℃はさほどでもなかった。マイナス2ケタなんて未知の世界だったけれど、この数値で、かつ歩きやすい気候というのはグッドタイミングだ。

平日午前の陸別。どこの都市にも遠く、交通も不便で気候も厳しい、山あいの過疎の街です。もちろん街を歩いている人などまったくない。ただ、もともとさほど大きな街ではないので、いわゆるシャッター通りがつづいているといったような悲しい風景も見られなかった。そもそも風景の大半が雪に埋もれてよく分からない。小さな、のんびりした街でした。

駅を出て正面の通りを歩いて行くと、北海道ではおなじみのコンビニ「セイコーマート」があったので、とりあえず入ってみました。

私は旅先で、旅行者らしくないふるまいをすることが大好きです。それはあまのじゃくな気持ちでやっているのではなく、そこで暮らしている自分を妄想するというワクワクの行動です。だから旅先でコンビニやスーパーに入るのがとても好きです。

セイコーマートでレジをしていたのは、意外にもハタチくらいの若い女の子でした。

いわゆるパートの主婦か店主風のおじさんを想像していた私はかなりびっくりして、コンビニを出てからもしばらく、レジバイトの女の子のこれまでの人生といまの生活について夢想しました。

この街から通える距離に専門学校や大学なんてないはずだから、あのバイトがきっと専業なんだろうし、近所に住んでるんだろうなあ。もしかしたら店主の娘なのかもしれない。どこに遊びに行くんだろう。私だったらどう暮らすだろう。夢想しながら街を歩いた。最初は快晴・微風が心地いいなんて思ったけれど、歩き回っているとさすがに手袋をしていない手はかじかんでくる。肌の露出部分はギンギンに冷えて痛くなる。街の中の道は踏み固められているけど、ずっと先まで雪で真っ白、そのまま山のほうへつづいている。遠くの山にはスキー場らしきものが見えるけど、設備はかなり小さそう。地

陸別の写真は残念ながら残ってないので
風景はかけません。
セイコーマートにて
150円になりまーす
えっ!! 若い人!!!
若い人だ!!
↑失礼
当時の私
でもコンビニの感じは覚えてる

元の人用って感じかなあ。

街をぐるっと軽く回り、ときどき家の前の雪かきをしている人にチラチラ見られながら、私は駅に戻ってきました。

陸別については、これだけ。

まったくこれだけの旅です。

私が北の目的地に求めているのは、だいたいこんなものです。しかも、これで私は十分に満足している。陸別というところに来たこと、マイナス13℃の空気のなかを歩いたこと、そしてコンビニのバイトの女の子を見たこと。ある北の街で、その街なりの「北」を感じたら私はもうおだやかに満たされる。


ところでこの旅行では、旅程で書いたとおり、東北に秋田から入って青森を経由し、北海道へ渡っています。

深夜バスでは東京から北海道に行けないのだ！　海があるからしょうがない。だから一度東北で降りなきゃいけないのだ。

でも、せっかく行ったことのない北東北を通るってことで、私はあえて「秋田入り」を選び、JR五能《ごのう》線に乗って冬の日本海を見てから北海道に渡ろうと思ったのです。

そしたら私、途中の青森のこともものすごく気に入ってしまいました。帰ってきてからは、北海道よりも青森のほうが印象に残っていたくらいです。

その旅行以来、日本の「北」で私がもっとも惹かれるのは、最北の北海道よりも東北地方になりました。特に青森。卒業旅行のあと、私はほんとうに青森が気に入ってしまい、春には友達と、夏にはひとりで青森を訪れて、その年は都合三回も青森を旅しました。

最初の卒業旅行は、お試しの「北行」ではありましたが、まだ「逃北」ではなかったように思います。その、「逃北以前」の青森のお話を次で少し書きます。

線路が完全に埋もれる北の駅

青森県民にはおなじみらしい「ムツパン」

第2章

「逃北以前」の旅は、真冬の青森だった

（2001年 21歳）

卒業旅行で北海道に行ったときは、そんなに「逃げる」といったイメージはありませんでした。単に、ゆかりの地である北海道に長いこと行ってないので、どっぷり行ってみたいなと思っただけです。そのときに秋田〜青森経由で行ったのも、ただ単にカネがないから深夜バスを使わざるをえなくて、そうなっただけのこと。

だからそのときに経由地の青森にこんなに惹かれるとは思わなかったし、その経験がのちのち本格的に逃北の思いにつながっていくとも思っていませんでした。

そして、いまこれを書きながら、さて私はなぜそのときそんなにも青森に惹かれたのだろう、と思い返してみるわけですが、なにか決定的なことがあったわけではなく、私はそのとき青森に一泊すらしてないし、ただ汽車（向こうは電車ではないことが多いので、私はあえてこの表現をするのが好きです）でサラーと県の西側・津軽方面を通っただけにすぎない。

それなのに、私はその年、卒業旅行の翌月三月にまた友達と青森に行き、さらに八月にもひとりで行っている。いったいなんなんだ。

その最初の旅の日記がなんと押入れの奥から最近発掘されたので、それを見て思い出しながら、青森への思いについて考えてみようと思います。

ボタンを押してドアを開けるタイプの汽車

北海道上陸の日。新宿から深夜バスで秋田駅前に着く。二月の秋田、あとからじんと沁みてくる寒さです。早朝ですることもないから、さっさと汽車に乗ります。

汽車は新しいもので、乗るときにボタンを押してドアを開けるタイプだった。停まってるときにドアが開けっぱなしだと寒いものね。

慣れない私は、乗るときに開けたドアをうっかりそのままにしてシートに腰かけてしまいました。すると、ドアの近くにいた人がムッとした様子で「閉」ボタンを押している。あ、すいません。外のボタンで開けて、中に入ったら中の「閉」ボタンで閉めるのがルールなのですね。

汽車は秋田駅を出ます。アナウンスが「閉まるドアにごちゅういくだ」まで言ったところでもう発車してる。なんだべ、せわしねぇな。

車窓は雪がたっぷり。積もった雪のなだらかなカーブは見ていて気持ちがなごみます。でも景色としては、なにがあるやら埋もれて分かりません。東能代《ひがしのしろ》駅で、乗ってみたかった五能線に乗りかえます。五能線は日本海をずっと見ながら走る汽車。こんなに北らしい路線はなかなかないだろう。

能代の街を流れる大きな米代川《よねしろがわ》の表面は全部凍っている。街をすぎたら通学の高校生はぜんぶいなくなっちゃって、静かになりました。だんだん人家が少なくなって、いよいよ景色は真っ白になる。雪の上に動物が駆け回った跡が見える。ときどき、踏切らしきところに竹竿がかかっている。きっとそれは小さな道で、冬は除雪に手が回らないから使用禁止にしてるんでしょう。

だんだん片側には山が迫り、片側には日本海が見えてくる。そのあたりで県境を越えて、人生初の青森県入りです。

次の経由地、青森に入って

こんなシーズンなので旅行者らしき人もほとんどいない。お客さんは、ほとんどが地元のおばあちゃんですが、彼女らの会話に私は衝撃を受けた。

まったく日本語に聞こえない……！

それまで、西のほうでは関西から山陰、広島、北九州あたりまで行ったことがあったのだけど、もともと西日本に縁がない私でも、まるっきり日本語だと思えない方言なんて聞いたことはなかった。かなり訛《なま》りのきつい人でも、ところどころの単語などで少なくとも日本語だとは分かる。

だけど、この汽車にいるおばあちゃんたちの会話はひとつとして単語が聞き取れず、抑揚や言葉のリズムからしてまったく日本語に聞こえなかったのです。どちらかというと北の言葉になじみがあるつもりだった私は大ショックであった。津軽弁おそるべし。

途中の駅で汽車は少し長く停まるようだったので、ホームに降りてみました。駅の向こうはすぐ海です。軽く雪が降っています。ホームに薄く積もっている雪の上を歩く感覚はなんだか懐かしく感じて、幼稚園のときに住んでいた札幌のことを少し思い出しました。東京でも雪が降ることくらいあるけれど、こんな雪景色の中で歩くのはとても久しぶりだ。

駅の待合室の窓に、「戸は必らず閉めて下さい」と貼り紙があります。そうですよね、寒いですよね。

よく見ると、「閉」の字にルビがふってあります。

「す」。

もう一回見る。

やっぱり「す」とふってある！

かならず、すめてください（正式発音）！

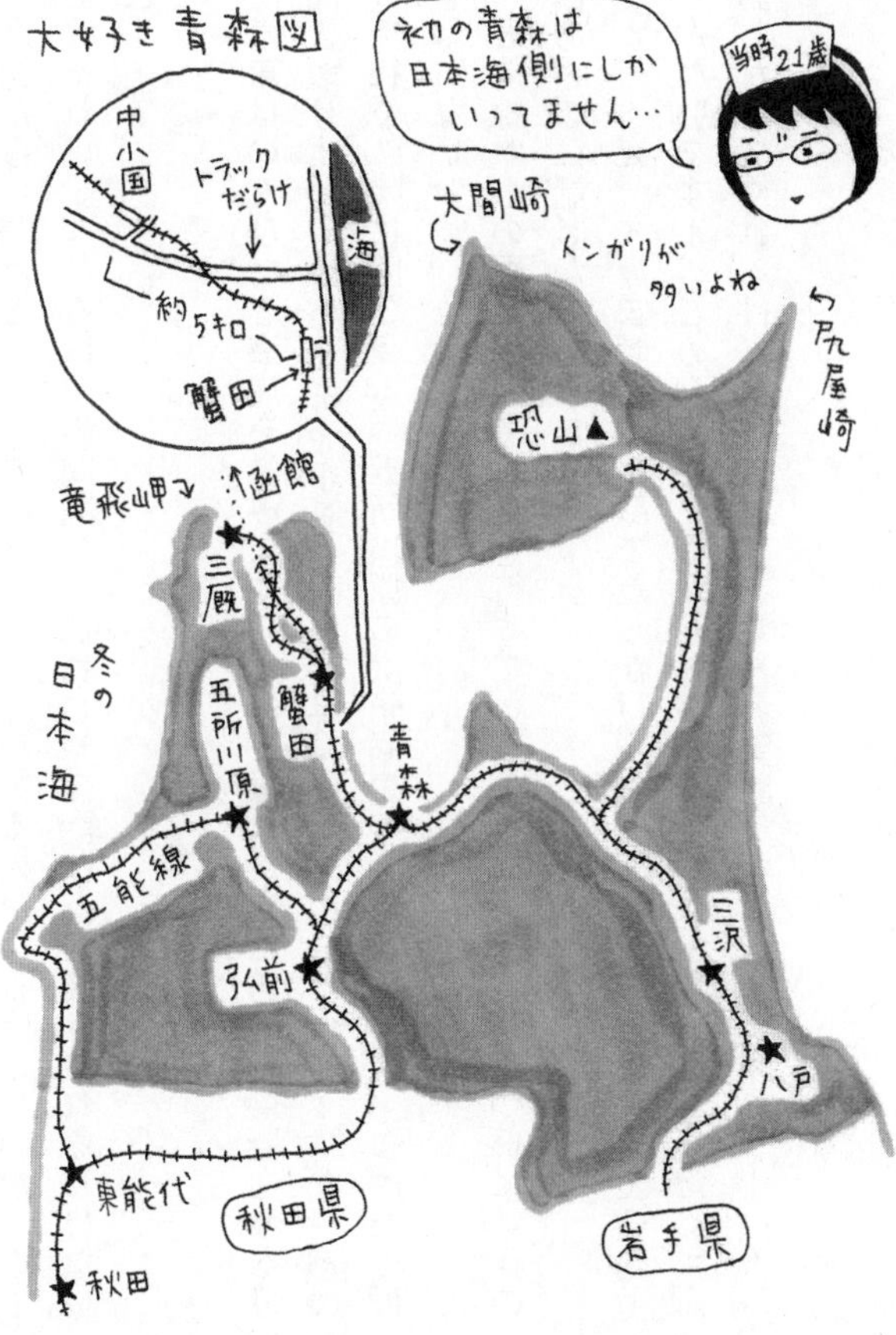

第２章　「逃北以前」の旅は、真冬の青森だった（2001年21歳）

最初から「閉める」を「すめる」だと思ってる人がいるほどなのか……！　もうそれは訛ってる以前の問題だ。これじゃ会話なんか聞き取れるわけないよ！

汽車はのんびりと海岸を進みます。途中で乗ってきた若者の会話もかなり聞き取りにくくてカルチャーショックを受ける。「あっち行く？」が「あっつぇ行ぐ？」に聞こえる。五所川原《ごしょがわら》の女子高生の会話は速くて、まったく聞き取れない。

五能線からの乗りかえで汽車を待っているときに、待合室でついに地元のばあさまに話しかけられました。

えへへえ。すみません。笑顔で話しかけられてもマジで何て言ってるか分かんないですー、ごめんなさいーえへへー。うわーなんかすっごいたくさん話しかけてくれるけど全然分かりません。笑顔でごまかすよえへへー。

今もこの貼り紙あったらいいな…
戸は必らず
閉すめて下さい。
お願へ
ここも変
す…
す!?

汽車が来るまで三時間、歩いてみよう

さて、雪のちらつく中を、蟹田というところまで来ました。ここから快速に乗れば、トンネルくぐって北海道はすぐそこです。

しかし、この日は函館を深夜に出るバスに間に合えばよかったので、かなり時間はあまっていました。トンネル行きはギリギリの時間でもいい。蟹田からは、『津軽海峡冬景色』にも歌われる〝北のはずれ〟竜飛《たっぴ》岬のほうにも線路が延びています。そっちの終点駅「三厩《みんまや》」までちょっと行ってみることにしました。

しかし、三厩に行く次の汽車はなんと三時間後だ。こういうとき、若い私はどうする。次の駅まで歩いちゃうんだよねえ。

もともと街歩きが好きな私です。青森県という未知の地の、未知の街を歩くのはわくわくする。駅にあった簡単な地図を見ると、蟹田の街は小さく、次の駅までの道も簡単そうです。ま、軽く四、五キロありそうなのは少々不

安ですが、なにしろ三時間もの余裕があるんだからどうにかなるっしょ。寒さもちょっと心配だけど、さっきまでぱらぱら降っていた雪もやんでいるようだし。

私は荷物を背負って駅を出た。海沿いを歩き、街並みを楽しみながら街道脇のドブ板を踏んでずんずん進む。大きな通りを左折して、ここをひたすら歩いていけば次の駅がある、はず。

道を曲がると、人家はほとんどなくなりました。山を切り開いたような道。歩道もない広い道はトラック専用といった風情《ふぜい》で、うしろから巨大なトラックばかりがぼんぼん飛ばして追い越してゆきます。ひたすら歩いているから寒くはないけど、周りには人っ子ひとりいない。鳥ばかりいる。歩いても歩いても、トラック、鳥、トラック……の繰り返し。

怖くなってきた。引き返すにはちょっと歩きすぎてしまった。

雲が垂れ込め、雪が降りはじめたかと思うと向かい風が強くなってきました。道こそ整備されているけど、雪中行軍になってきた。どうする。いやもう半分くらいまでは来てると思うし、進むしかない。いままで旅行中にちょっと長い距離を歩いた経験はいくらでもあったので、私はナメていた。青森で冬にこんなことをしてはいけない。

果てしなく垂れてくる鼻水。ふくのが途中で面倒になって、だらしなく漏れつづける鼻水はすべて口で受け止める。しょっぱい。気にしない。雪で顔面が動きづらい。トラック。怖い。

やっと前方に踏切が見えてきました。久しぶりに見る線路だ。きっともうすぐだ。三時間、だるまストーブのある駅でぬくぬくしてればよかったのに私は何をやってんだ。あれ、線路がまた遠くなった。駅、どこ？　人家は増えてきたけど、あいかわらず歩いている人はいない。駅入り口の看板とかないの？

ずっと一本道で、それまで脇道もほとんどなかったので、さすがにもうこのへんじゃないか、と思ったところで覚悟を決めて脇道に入ってみた。覚悟を決めたその顔には鼻水のスジが二本、口に向かって垂直にたれてカリカリになっておりました。

幸いにも、私の勘は当たっていた。真っ白な景色の中を進んでいくと、踏切と小屋が見えてきました。本当にほっとした。考えてみれば前日はバス泊だったから、ただでさえ体力は落ちているはずなんだ。遭難してもおかしくなかった。

結局、一時間半ほどかかって、無人の「中小国駅《なかおぐに》」に到着。さんざん口に入った鼻水をいまさらぬぐいます。駅の周りでおじさんがせっせと雪かきをしています。駅にはそのほかに誰もいません。まだ一時間以上汽車が来ないんだから当然だよね。

雪の降り積もるなか、真っ赤な顔して小屋で汽車を待つ。約一時間後、雪のせいでしんと静まり返った駅になんのアナウンスもなく汽車がことことやってきました。青森市方面から来た高校生が降り、私が乗ります。汽車は数十分で終点の三厩につきました。

無人駅で乗ったときはふつう車掌さんが切符を切りに来るものだが、なぜか今回は来なかった。三厩で降りる地元の女子高生数人とともに汽車を降りてみる。女子高生は三厩の駅長さんになにやら話しかけられてたけど、そのあと「なに言ってるかわがんなかったね」と話し合っていました。地元の、私から聞けばけっこう訛りの強い女子高生にも聞き取れないのかい。そりゃ私なんかぜったいヒアリング不能だ。

北の終点に来てみたかったから来たけれど、べつにすることはない。ここまで苦心して来た道のりの味わいで十分だし、十数分後の戻りの汽車を逃すとまた数時間来ないので、おんなじ汽車に乗ってそのまま蟹田に帰ります。さっきと同じ車掌さんが「あら？」と声をかけてきた。さっき車掌さんは、単に地元の学生が乗ってきたと思って、定期券を持ってると勘違いして切符を切りに来なかったらしい。

こういうの、私にとってはすごい快感なんですよね。

旅先で地元の人だと思われるほどうれしいことはない。旅しているときはできるだけそこの住人の気分でいたい私としては、旅先に溶けこむことが好きなのです。旅先で地元の人だと思われて道なんか聞かれた日には、喜んで教えます。無理してでも。

中小国駅にて、しばらくすると
地元の女の子が1人だけ来た。
すすいません
ちょっとあの
ここで写真を…
何この人
なんでこの駅で…
怖い…
なかおぐに
中小国
Naka.oguni
かにた
おおだ
変なテンションだった私は
写真を撮ってもらいました…

さて、また蟹田まで帰る途中、男女の高校生たちが乗ってきました。高校生たちは、なんと、なぞなぞに興じている。なぞなぞ本みたいなものを見ながら、女の子が問題を出してる。

「はぢが、さんびきで、はごんできたものな～に？」

「そりゃすりばちだベー！　さんっつったら英語でスリーだべよ！（笑）」

四、五人でわいわいなぞなぞやってる高校生。

なんでしょう、このほのぼの感。

たぶん答えはハチミツだと思うんだけど、すごいかわいいからもうすり鉢が正解でいい。田舎の人は素朴というイメージは確かにあるけど、いくらなんでもこの素朴さはイメージを超えてますよ！

こうして、暖かな汽車の中でやたら癒されながら蟹田に戻った私は、日が暮れたころの汽車で青函トンネルに向かったのでした。

じゃあー つぐっても つぐっても すぐきえるもの なーあに?
くいもんだべ くいもん!!
なにこのほのぼのさ…… 郷愁……
この高校生たちの訛りに勝る
ステキな訛りはいまだに聞いたことありません

青森に埋没したい

——人生最初の青森はこんな感じでした。

ほらもう、何がいちばん心に残ったのか最終的にはよく分からない。でもひとつひとつの見るもの聞くものが新鮮で、それでいて妙に懐かしかった。ものすごく日本らしいのに、私がいつもいる日本とは異質。この違和感がずっと心に残って、もっと私は青森に沈没したいって思ったのだ。

いや、「沈没・沈む」っていう表現は、よく東南アジアやインドなどの暑いところに長期滞在する人が使う表現ですね。北の場合は、雪に埋まるイメージで「埋没」がいいのかもしれない。青森埋没願望。

そんなわけで、前にも書いたとおり、その年に私はあと二回青森に行きました。夏も雪のない青森にひとりで埋まり、そしていよいよその頃「逃北」に近い気持ちが生まれてきました。

「地元に溶けこむ」時の快感!!
切符拝見しまーす
あれ?なんで私だけスルーされたんだろ
青森・三厩にて
あとで「地元の学生かと思った」と言われた。
稚内の喫茶店で
あれ?お客さん稚内の人……じゃない……?よね?
あ…ハイ ただの旅行者で
かなり微妙だった模様
ついにはグリーンランドで!!(友達が)
デンマーク人観光客に道をきかれた。
××××?××××?
いやいやわかんないから…
※グリーンランドはデンマーク語が通じます

津軽のカモメは風に向かって立つ（カワイイ）

第3章

三陸海岸にて

（2001年　22歳）

初めて青森に行った年、私の中には青森ブームの風が猛然と吹きました（そりゃもう蟹田で浴びた吹雪のように）。三月は主に津軽地方をまわり、八月は下北半島や南部地方に行きました。その、八月の旅でのことです。

以前に秋田から海岸沿いに青森入りしたときの体験が良かったので、夏は岩手から東海岸沿いに青森入りすることにしました。相変わらずお金はなかったので、最初に深夜の高速バスで乗り入れるのは変わらず、岩手県内で降りてそこから延々汽車で北上します。

で、私はこのとき、いくらなんでも青森に行くまでの助走を多くとりすぎた。千厩《せんまや》という、岩手の南の山あいにある小さな街で降りているのです。それも、気仙沼行きの深夜バスを、あえて途中の千厩で降り、始発の汽車に乗り

第3章　三陸海岸にて（2001年22歳）

かえて気仙沼へ向かうという面倒な経路をとった。

意味が分からない。どうせバスも気仙沼に行くんだから、終点までバスで寝ていけばいいのに。

こんなことをした理由はいろいろあったのだろうけどよく覚えていません。バス代を少しでも安く済ませたかったのと（たかだか数百円だけど……。ちなみに汽車代は「青春18きっぷ」なので問題なし）、岩手もほぼ来たことがないので少し見てみたかったのと、リアス式海岸沿いの景色を眺めてみたかったのと……そんなところだろうと思う。さらに、今以上にひねくれた根性で「あえて途中で降りる、しかもとくに有名な観光地ではない街に」というところに変な充実感があったんでしょう。千厩の皆さんになんとなく申し訳ない。

こんな厄介なことをしているから、案の定めんどくさいことが起きた。バスは駅前でもなんでもない中途半端なところが停留所になっていて、駅はどっちですか、と聞いても運転手さんもいまいち街の地理を知らない。私は早朝五時台に見知らぬ山あいの街であてもなくさまようことになった。幸い、駅はわりと簡単に見つかったけれど、やっぱり私の旅にはいつも「意味もなく歩いて迷う・困る」がつきまといます。この旅のときはスタートからやらかした。うん、調子いいんじゃないの。

気を取り直し、千厩から始発の汽車に乗ります。高校生で満たされた汽車はすぐに海沿いに出て、宮城県の気仙沼へ。そこから海沿いを北上。東北の東海岸を延々進んでゆく。

そう、この日に私が見た景色は、すべて二〇一一年の震災で甚大な被害を受けることになる地域だったんです。気仙沼から陸前高田、大船渡《おおふなと》、釜石、大槌《おおつち》、宮古、田老《たろう》……これらの、ニュースで繰り返し流れた場所をすべて通っている。

残念ながらその日の目的地は青森だったので、宮城〜岩手の海岸沿いの街はほとんど歩き回りませんでした。ただ、そのとき書いていた旅ノートには、車窓の風景や周りについてけっこう詳細な記述があるので、今回はそれをもとにそのときの東海岸の様子を書きたいと思うんです。

いや、仕事でもないのによくここまで書いていたものだ。当時の私、えらいよ。ウニ丼を一つおごってあげたい。

気仙沼から、騒がしいおばちゃん軍団が乗車してきました。おばちゃんたちは自称が「オレ」です。当然私は地元の会話に耳をかたむける。

「あー昨日の火事、あそこだMさんとこだ〜、息子が火《シ》〜つけたんだべー？な〜。三十七、三十八にもなって〜」

「あー立派な茶箪笥入れたのによ〜」

「保険もナンボ下りっかさ。全額は下りねと思う」

いきなり、名産品よりも名勝よりも強烈でなまなましい地元情報。私の気仙沼のイメージは振り切れた。もちろん、良い方にである。おばちゃんたちは、気仙沼の先にある「上鹿折《かみししおり》」という駅のことをずっと「かみしかおり」と呼んでいました。地元なのに読み方はてきとうなんだなー。

街のウワサ話でにぎわう汽車は陸前高田へ

気仙沼からひとつ山を越えると、また岩手県に入ります。途中の小さな「竹駒駅」でまたおばちゃんたちが乗ってきた。高校生たちはあらかた気仙沼で降りているので、車内はもはやおばちゃんだらけである。竹駒のおばちゃんたちは、健康診断の時のおっぱいの話で盛り上がっている。おっぱいさわられんだぁ、こうしてよぉ！　そしたらおっぱいがよぉ！　と、おっぱいおっぱいを連発、そしてみんなで爆笑！　羞恥心は⁉

おっぱいの話題で満たされた汽車はどんどん山を下って陸前高田駅に向かう。そこで一気に景色が開けて平地になります。東南方向に向いた湾のおだやかな海は、朝の陽に照らされて神々しいほどだった。真っ平らな街も光って見えます。「小友《おとも》」という駅が、白木でできたいい建物だったことを私はメモしている。

リアス式海岸沿いの汽車は、海際に行ったり山に登ったりと忙しい。陸前高田からまたひと山越えて、大船渡。わりと大きな港町。終点の「盛駅《さかり》」で乗りかえます。

ここから釜石までは「三陸鉄道」といってＪＲではなく、釜石から宮古まではJR、そして宮古から久慈《くじ》まではまた三陸鉄道、久慈から先はJRである。非常にややこしいし乗りかえも多いし、JRの「青春18きっぷ」の意味があまりない。でも、三陸の海は見てみたかったので、ひたすら海沿いをゆくのだ。

八月下旬だと、このへんなら夏休みが終わっているかと思ったのですが、もう登校時間が過ぎているのにちょこちょこ高校生が乗ってきます。車内の高校生観察は私の旅の良いスパイスである。三陸あたりの高校生は男女とも、顔がきれいか、太ってるか、どっちかが多かった。おいしいもの多いもんね。

やはりリアス式海岸沿いは山がちなので、トンネルの繰り返しで海の見える部分が意外と少ない。ちょっと残念です。時間に少し余裕があるので、気まぐれにどこかで降りてみようと思いました。完全に駅名のイメージだけで選び、「小石浜」という駅で下車。

高台にホームだけがぽつんとある無人駅。延々と長い階段を下りていくと、

ゆうべの火事の話を
めっちゃひとりでしゃべるおばさん@気仙沼
向かいはOさんだべー
あの空手師範の！
おとっつぁんとケンカ
でもして火ぃーつけ
たんだべーーな？
おっぱい
さわられんだぁ
アハハハハ
キャハハハハハハハ
おっぱい連発の
お友達。
@竹駒
すげえ
気仙沼〜陸前高田、
神々しい朝日とゲス話というステキなバランス。

道に出ます。いやあ、何もなさそうです。わくわくします。お、バス停を発見。「砂子浜」行きとある。小石と、砂子。セットですね。きっとこっちの浜には小石が多くて、奥の浜は砂地だったんでしょうね。単純な名前だけど、ステキだなあ（余談ですが、その後、小石浜駅は「恋し浜駅」に改称されたらしい。「小石浜」のほうが風情があると思うんだけどなあ……）。

道に降りてもまだ高台で、向こうに浜が見えます。いや、浜というよりは港のようです。明るい集落には誰も歩いていない。小石浜に多いものは、軽トラ、丸ブイ、ミミズ、花。民家の庭先に、手作りのブランコを発見。海の男が二、三人遠くに見える。港も静かで、自然の音以外なにも聞こえない。ああ、ここで降りた選択は大正解だったなあ。

ほぼ人影のない港までのんびり歩いていき、また適当に道を選んで遠回りしながら駅に戻ったらだいたい一時間くらい。次の汽車にはじゅうぶん間に合いました。

こういうことを書いていてふと不安になるのですが……私は「なにもなさ」を味わっているとき本当に気持ちは充実しているのですが、この感じ伝小石浜駅、すごい階段の上。

小石浜でいちばんの観光スポットは
民家の手づくりブランコでした。

わってる？「なにもない様子レポート」、大丈夫？ まあいいか。今後もこんな感じの場所ばかり記録していくんだし。私の逃北って、こういうもの。

汽車内でうたた寝しながら、さらに北上

次の汽車に乗ると、私は少し寝てしまったらしい。当時のメモがとぎれとぎれになってしまっている。ただ、「吉浜、森きれい、海もきれい。よいよ！」とだけ書いてあるので、たぶん「！」までついてる吉浜というところの景色はかなりよかったのだと思う。

うたた寝しつつも、終点の釜石へ。工業の街だけあって、久しぶりにでっかい建物がたくさんです。車窓から見えた「橋上市場《きょうじょう》」（残念ながら二〇〇三年に閉鎖したそうです）にわくわくしつつも、小石浜で時間を取りすぎたのでここは残念ながら乗りかえるだけで通過。ＪＲに乗りかえると、……また寝てしまったらしい。

ここから宮古までのメモは「吉里吉里《きりきり》の小学校がいいので改築しないでほしい」「浪板海岸駅前の浜の家もいい」とのこと。前者はおそらく大槌町立吉里吉里小学校のことだと思う（どうやら改築されてしまったようです）。しかし後者がなんのことか全く分からないので、もしご存知の方がいたら教えていただけると幸いです。浪板海岸が津波で甚大な被害を受けたことはまちがいないのですが……。

そんなわけで、またうたた寝しながら宮古に着いた。深夜バスでいまいち寝つけなかった分を汽車内で取り返す、いちばんもったいない展開。もうお腹もすいてきたので、宮古の駅そばで少しお腹を満たし、さらに北上します。

おばちゃんとの運命的な出会い（言い過ぎ）

宮古からの汽車では、すいているのになぜか九十歳くらいのおばあちゃんがボックス席の向かいに座ってきた。話しかけてくるわけでもない。お互い無言で、少し緊張が走る。

おばあちゃん、カバンから次々にいろんなものを出す。パックの卵。薬。缶コーヒー・ジョージア。そして南部せんべい（地元っぽいね。いいね！）。おばあちゃんはトンネルに入るとき、ティッシュを丸めて耳に詰めた。おばあちゃんなりのトンネル対策なんだろうか。途中から梅おむすびを食べ始めるおばあちゃん。食べ終わったら指に薬を塗りだすおばあちゃん。耳にも塗ってる。ちょっとくさいな。湿布くさい。あ、頭にも塗り始めた！　くさいぞ！

いくらなんでもおばあちゃん観察をしすぎだが、このへんはいよいよトンネルだらけで、海もほとんど見えないのです。視線は自然と目の前の気になる人に向く。しょうがない。

おばあちゃんが途中駅で降り、しばらくすると車内販売のおばちゃんが来ました。

おお！　このおばちゃんは、ちょうど旅行の数日前、たまたま見ていた旅番組に出ていた方ではないか！　あの車内販売のウニ丼、おいしそうだったんですよ。

宮古より、すいてるのになぜか私の向かいに座ってきたおばあちゃんと緊張のひととき

第３章　三陸海岸にて（2001年22歳）

運命的な出会い（言い過ぎです）に興奮し、私は当然ウニ丼を購入しました。ついつい旅のテンションで「この間テレビに出てませんでした？」と話しかけてみる。「見てたのぉ」とすました顔で返すおばちゃん。クール。

三陸鉄道の駅や車内では「ダイヤ改正して接続もよくなったから、どうか鉄道に乗ってください！」という感じのポスターも見つけてしまって、経営の厳しさが見えてちょっと哀しい気持ちにもなりました。汽車に冷房はなかったけれど、むしろ自然の風が涼しくてとても気持ちいい。トンネルは多いけど、橋を通るときは絶景を見せるためにゆっくり走ってくれるし、車内観光アナウンスもあるし（トンネル内ではほとんど聞こえないけど……）、本当にのどかでいいところです。

そしてウニ丼。文句なくおいしい。あえてまた無人の「白井海岸駅」で一度降りて、まったくひと気も人家もない坂道を下りていくと、観光要素がひとつもない殺風景な海岸が見えてくる。ここにもひと気はまったくない。大自然のなかひとりでウニ丼を堪能する二十二歳の私でした。

……だから、私は、どんな顔でこの話題を入れこめばいいのか本当に分からない。津波の一報を聞いたときに、ただ通っただけの陸前高田の平たく広がる街の様子が脳裏によみがえり、寒気がした。釜石の橋上市場、宮古の(また別の旅のときに食べた)絶品の生ガキ、白井海岸、全部よみがえる。

街がどうなったのかは、私がここで書くまでもないと思う。三陸鉄道は二〇一四年に復旧したものの、大船渡線は鉄道復旧を断念したらしい。小友の駅舎もなくなってしまったとのこと。

私は、近所の火事やおっぱいの話題で盛り上がっていたおばちゃんたちや、薬を塗りたくるおばあちゃんの無事を心から祈っています。この旅で、こういうどうしようもなく愛しい人たちのことをメモしておけたのはよかったと思う。住んでいる方々の満足のいく復旧がなされることを願ってやみません。

これも三陸海岸。仙石線の景色

おだやかな三陸の湾

第 3 章　三陸海岸にて（2001年 22 歳）

第4章

逃北開眼、青森のトンガリ

（2001年 22歳）

ところで、前章から続くこの旅をしていたときの私は社会人一年目でした。むしろ「会社人」一年目だったと言うべきでしょうか。会社が嫌で嫌でしかたがなかった。人生最大に鬱屈《うっくつ》していた夏だったと言ってもよい。

その気分を晴らしてくれたのは、青森の旅でした。「北」と「開放的な気分」は相性が悪そうですが、決してそんなことはない。北の夏の空気はスカッとつきぬけた気持ちよさなんだよ。

そもそも大学卒業後にロクに就職する気がなかった私は、就職活動だけは両親へのアリバイ作りのような気持ちで、非常にやる気ない態度でチンタラやっていたのですが、どういう手違いか一社受かってしまったのでした。受かってしまったらそれを断るほどの勇気はないので、もしかしたら何かおもしろいかもしれない……と思って入社するだけしてみたものの、一か月もすると、毎朝登校拒否の小学生みたいな気持ちになっていました。

かといって、連絡もせずいきなりパッタリ行かなくなるとか、上司とケンカをして勢いで辞めるとか、そういう大胆なことに踏み切れる根性もないので、私はずるずると勤務を続けていたのです。だから、短い夏休みはそれこそ小学生のように楽しみにしていました。とりあえずこの環境から軽く逃げたい。そして、逃げるなら、異質でなぜか懐かしいあの青森だ、と心は決まっていました。

だから、きっとこの旅の時に「逃北」が生まれたのだと思う。

北にはトンガリが似合うし、トンガリは北にあってほしい

さて、日が少し傾いたころ、岩手の北、久慈から八戸に向かいます。ここもずっと海岸沿い。しかし、やはりリアス式海岸なので、海が見えたと思ったらすぐに山林に突っ込んで全く海が見えなくなる。林を抜けたと思うと、

いきなり崖の上から見下ろす形でまた海が見える。いい風景には事欠きません。日差しは柔らかくなって、雲間から光が海に注ぎ込む神秘的光景がつづきます。なんだか三陸は神々しい風景が多い。ときどき海岸にサーファーの姿も見えます。

高校生の茶髪率は低く、おとなしめの印象です。女性誌の「SEDA」を読んでいるメガネの女子高生も地味目だけど、カバンはヒョウ柄。この子の生活について思いをはせる私。

玉川という小さな駅で、唐突に二十歳くらいの女の子がふたり乗ってきました。大きな駅以外ではほとんど若者が乗ってくることはないので、ちょっとびっくりです。

このふたりも、津軽ほどじゃないけど絶妙な訛り。南部弁でしょうか、鼻濁音がとってもいいです。ふつうにオシャレでかわいい女の子が自称をナチュラルに「オレ」と言い、「ケヅ（お尻）が〜」なんていうフレーズも飛び出すギャップがたまりません。玉川のふたり、夕方五時半からどごさ遊びにいぐんだか。

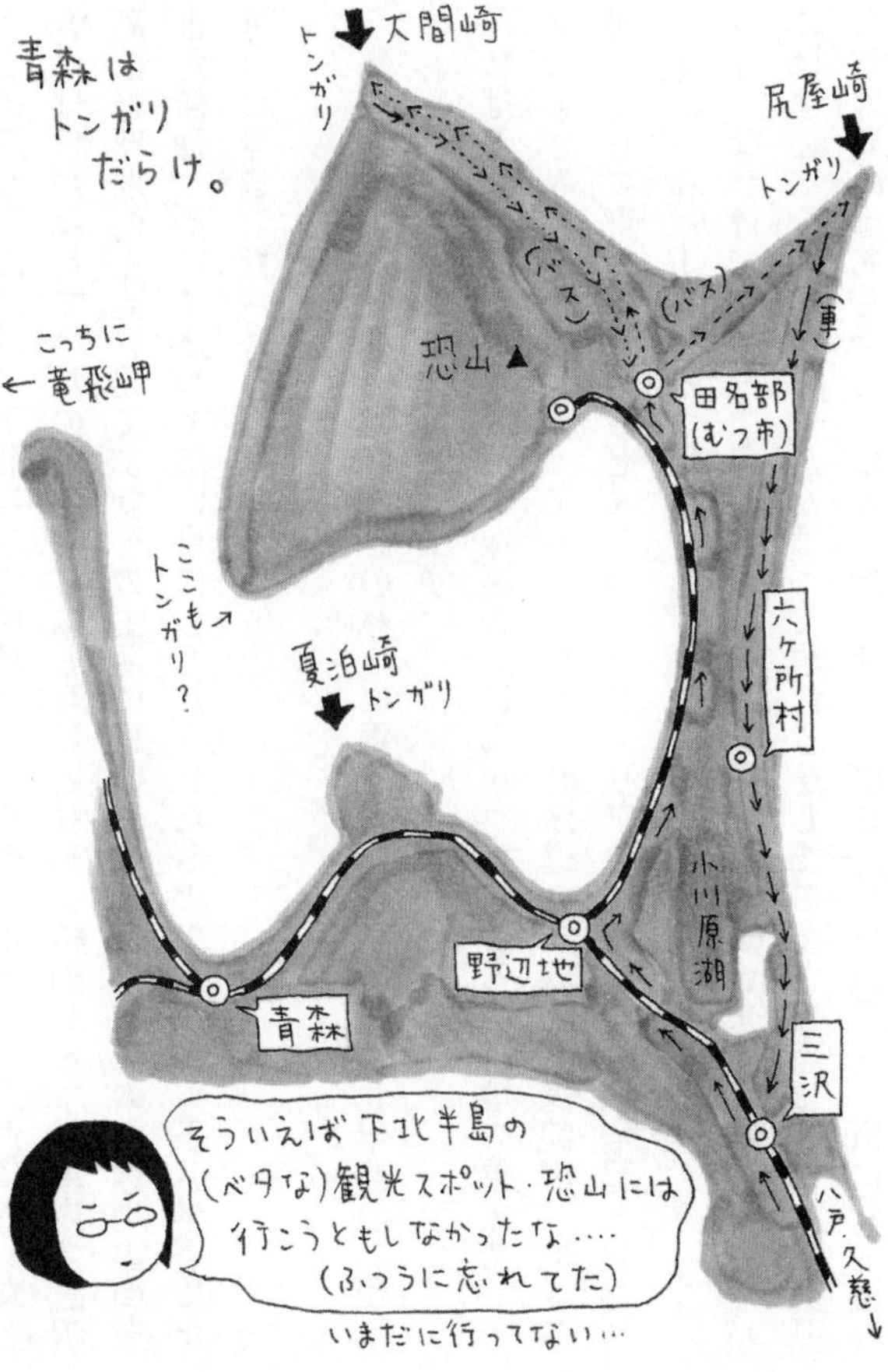
青森は
トンガリ
だらけ。
トンガリ
大間崎
尻屋崎
トンガリ
(バス)
(バス)
(車)
恐山
こっちに
竜飛岬
田名部
(むつ市)
ここも
トンガリ?
夏泊崎
トンガリ
六ケ所村
小川原湖
野辺地
青森
三沢
八戸.久慈
そういえば下北半島の
(ベタな)観光スポット・恐山には
行こうともしなかったな….
(ふつうに忘れてた)
いまだに行ってない…

この日から二泊は、下北半島の田名部《たなぶ》という街のホテル。八戸に着いたときには日が暮れていたので、あとはもうおとなしく移動します。車内で三沢高校野球部の生徒を見てまたその生活に思いをはせたり、夜の野辺地《のへじ》の街をまた無駄に歩いて迷って怖い目にあったりしたものの、無事に下北半島にたどりつきました。

翌日。予定通り朝七時四十分のバスに乗る。向かうのは下北半島の二か所のトンガリ。尻屋崎《しりやざき》と大間崎《おおまざき》です。

私はトンガリに惹かれる。地図の、とんがったところは陸地の果てで、ちょっとさみしそうで、行ってみたくなる。北海道の知床岬、襟裳岬《えりもみさき》、納沙布《のさっぷ》岬、そして青森、やたらとんがっている。リアス式海岸なんて全部トンガリです。北にはトンガリが似合うし、トンガリは北にあってほしい。

そんなわけでまず一コ目のトンガリ、尻屋崎に向かいます。ここに行くバスはすごく少ないから、がんばって早起きをしたのだ。お客は、ほっかむりした地元のばあちゃんと私のふたりきり。街を出たら風景が一気に北海道みたいになって、バスはだだっぴろい原野を走る。途中でポツンと建ってる木造のちっちゃな小学校を見たら、なんだか胸がギュッとする。私はそんな小学校に通ったことなんかないのにね。それだけで、またここに来ようって思ってしまった。

このバスは、運転手さんに言えば、バス停じゃないところでも降りられるらしい。海のそばの集落で、ばあちゃんはいきなり「停めてクサイ!」と甲高い声をあげました。「おわっ」と運転手氏は驚き、バスは急停車。その声を聞いて「アッハッハッハー!!」と、もっと甲高い尻上がりの笑い声をあげるばあちゃん。ステキ。

私の旅行史上、最高に気持ちのよかった空間・瞬間

さて、乗客はひとりになった。海沿いには唐突に巨大な工場が見えてきて、そんな地域を抜けると景色はまた開け、ついに尻屋崎の入り口に到着。原っぱが広がる。牧草地なのかな。風景はのんびり、人が全くいない。さ

みしさをつきぬけて爽やかだ。牛がいる。そして馬もいる。尻屋崎は、寒立《かんだち》馬《め》という馬が放牧されていることでも有名なのです。

尻屋崎のトンガリの先端までは、少し歩くみたい。岬へと通じる道の入り口にある大きな案内看板をぼーっと見てたら、そこに車が一台来ました。乗っていたのは女の子ひとり。車から降りると、同じように案内看板を見に来た。どこまでも広がる空と大地の中。たくさんの牛と馬がいて、人間はここにふたり！……そりゃ、会話をしてしまうよね。

私が話しかけようかな、と思う間もなく「歩いてくの？　乗ってく？」と声をかけてきたのは、大阪から来たIさんという子でした。偶然にも同い年。青森で借りたレンタカーで下北半島をぐるりと回り、大間崎を経て、昨日は近くの集落のあたりで車内泊したらしい。今朝はすぐそばにあった家の人がたまたま声をかけてくれて、朝食をごちそうになったらしい。夜は星がよく見えたんだって。いい旅してるなあ。

彼女の車に乗せてもらって、数分で岬に着きました。

つきぬける青い空。強い日差しと、湿気の少ないさわやかな空気。広々とした緑の草地。その先は岩場になっていて、すぐに海。数日前の台風のせいか、岸には昆布がめちゃくちゃうちあげられてる。トンガリに灯台が立っている。観光地らしい整備なんてほとんどなく、すべてほったらかしの感じ。そして、そこらじゅうでだらだらしている馬！馬！馬！

草の上で寝ているまぬけな顔の馬。車道をもたもた横断する馬。草地にも、道路にも、あらゆるところに馬糞が転がっている。馬はみんな、競走馬のようなスマートさはなく、どことなくもっさりしてる。馬天国。

この空間・瞬間は、十年たったいまでも、私の旅行史上で最高に気持ちのよかった経験です。

まだ早い時間のせいか、尻屋崎にはあいかわらず観光客は全く（本当に、私たち以外ひとりも）いないし、一応観光地のはずなのにお店らしきものもひとつしか見あたらない。私とIさんは、そのおみやげ屋兼食堂のようなところでつぶ貝のおでんを食べました。おいしい。やっぱり旅行は、観光地でないところか、観光地なのに人がいないところに限る。

さて、どうしよう。本来の予定ではバスでまた田名部に戻って、さらに大間のトンガリを目指すはずだったのですが、Ｉさんはレンタカーを八戸に返すらしいので方向が逆です。

せっかくの縁ですもん、そっちに合わせちゃおうか？

大間は明日に回し、私も八戸方面に行くことにしました。さらに、旅の高揚感で、筋金入りのペーパードライバーだったはずの私も車を運転したくなってきました。このへんはあまりにも車が少ないし、道が気持ちよさそうなんですもん。

馬の楽園から、私の運転で海岸沿いに南下。家もほとんどない道を気持ちよく飛ばし……途中で急に道が細くなって運転したことを後悔したりしながら、原子力関連で有名な六ヶ所村を通る。

今だったらきっとどこかの施設に寄ってみようと思うだろうけど、六ヶ所村はなんとなく通過。真っ平らな村で、あちこちに沼が多く、景観のすてきな村だったのを覚えている。

Ｉさんはいま調理の専門学校に通っているらしい。高校卒業後、勤めたり尻屋崎……ほんとうにきもちよかった…

辞めたりとわりとふらふらしていて、今年から思い直して専門学校に入ったらしい。旅行は好きで、よくこうしてひとりでレンタカーを借り、あまり計画も立てずに旅をするらしい。

北に特有の、刺すような青さの夏空と、ぐうたらした馬と、自由に車で旅する同い年の女の子と……この日こういうものを見て、私はなんとなく、会社を辞めることを心に決めてしまった。やりたくないことは、やりたくない！って思ってしまった。辛くなったらこれからもこんなふうに逃げればいい、と思ったのもこの時だ。私はその半年後に退社して、それから一度も正社員にはなっていない。良くも悪くも、私をこんなにしたのは北です。

北の旅、たった数時間の「出会い」

さて、目的も決めずにだらっと運転し、目についたところに寄りながら南下をつづけます。「寺山修司記念館」という看板があったので入り（ふたりともそんなに寺山修司を知らないが、すばらしかったです）、「湖水浴場」という聞いたことのない単語に惹かれて小川原《おがわら》湖を見に行ったり。どこに行ってもすごくすいている。こんなに気持ちのいい場所なのになあ。

それにしても、Iさんも私と同じように名所を計画的に巡ったりすることにはさほど興味がないようで、思えば奇跡的な出会いでした。私もぬるい計画にしておいて本当によかった。

さらに南下して、私たちは三沢の市街地に来ました。ちょうど「三沢まつり」というお祭りの最中でした。かなり大きな山車《だし》が出ていて、ヤーレヤーレという掛け声がこだまし、見物客も大勢でかなり盛り上がっています。今日はどこもすいていたけど、もしかしたら人はみんなここに集まっていたのかもね。

車を適当に停めてイカ焼きなんか食べながらお祭りを眺め、三沢駅から私はまた汽車で田名部へ、Iさんは車で八戸へと向かう。ここでサラッとお別れ。別れ際はなぜかあまり記憶にない。

人生でたった数時間しか会ってないのに、その数時間が北の旅だというのも運命的な話だ。結局その後なんとなく連絡も途絶え、旅以来会ってないけれど、Ｉさんお元気ですか？　私はこんなふうになってしまいました。たぶんあの瞬間があったから、私は今解き放たれている。あれはいちばんいい旅でしたよ！

翌日。昨日行かなかった大間に向かいます。午前九時ころのバスが発車してすぐ、前から自転車ふたり乗りの男女高校生があわてて走ってきて、手をあげて「乗ります」のアピール。バスもお情けで停まり、乗せてあげていた。なんだよぉ、青春映画みたいでステキだよー。バスは昨日と違って、乗客が十人ほどいます。

昨日も見たような木造校舎や、潮風に当たって壁がささくれた木造の建物の美しい家並みを眺めながら、海沿いの道を大間へ。山が海までせり出した地形で、山あり谷ありの道をバスはすごくのろのろ走る。海の向こうにある函館のお店の看板がけっこうたくさんあるのが不思議です。みんな海を渡って買い物に行くのかな。確かに青森より近いかもしれない。

だいぶ長いことバスに乗って、大間に着いた。

三沢まつりのコレもねぶたのようです。
ヤーレ
ヤーレ
ヤーレ
ヤーレ
マァ想外の盛り上がり!!
セクシー

うーん。ここは、「観光地」だな……。お店もたくさんあるし、岬には石碑があったりして、ちゃんとしている。決して悪くはないんだけれど、前日に尻屋崎のすばらしさを味わってしまったのでちょっと観光地っぽさが鼻についてしまう。

まあしょうがない、尻屋が特別なんだよ。下北のトンガリを味わうなら、大間に行ってから尻屋に行くのがよさそうです。

大間ではラーメンに満足しマグロを忘れる

おなかがすいたので岬の近くの食堂に入りました。エビ、ホタテ、つぶ貝、麩《ふ》、ほかにも名前を知らない貝などが入ったボリュームたっぷりのラーメンを食べる。とてもおいしい。

しかし店内は妙な雰囲気。地元の小学生女子三人が子供だけでラーメンを食べている。小学生たちの自称は「ワイ」です。店のテレビにはなぜか北海道の番組が流れているが誰も見ていない。お、またひとり小学生が入ってき

大間崎にはきちんとこういうものがある

ました。しかしお店のおばちゃんは驚くほど愛想がない。おばちゃんの「いらっしゃいませー」に対して女の子が「いらっしゃいました〜」なんておどけても、表情すら変えず……うん。これもまた北。

大間と言えばマグロですが、ラーメンで満足したのでそんなこともうっかり忘れ、帰りのバスに乗ってしまいました。やはりそこそこお客がいる。街やバスの中で見る限り、美人度が高くヤンキーも多い大間の街。尻屋とは逆に生活感にあふれ、暮らしやすそうに見えた。

そのあと私は十和田で一泊し、延々と各駅停車で東京へ帰りました。後半失速で少し尻切れ気味になってしまったけれど、トンガリが二つ回れたのはよかった。そしてなにより、青森一日目の朝に訪れた尻屋崎が人生を変えてくれたよ。尻屋崎は逃北の開幕地！

その後も私は、何年かかけて青森のほかのトンガリである竜飛岬や小泊《こどまり》などを回っている。トンガリは逃北の原点です。

ところで、このときの青森は夏だったのでどちらかというと爽やかさが表に出ていたけれど、私はその前の雪深い青森で聞いたばあちゃんたちの訛りや、気仙沼で聞いたおばちゃんたちの噂話、大間のおばちゃんの愛想の悪さなど、時々感じるどろりとした北の人間味も大好きです。そして、それを味わうためには、北海道より東北地方のほうが惹かれると感じたのです。

北海道の「北っぷり」ももちろん好きなのだけど、アイヌ以外のほとんどの道民はそもそも開拓などで明治維新後にやってきた人たちなので、北海道の街では人の「念」が少ない。

私の逃北の舞台としては、寒いところでこそ育てられる心情、生産性の低い土地でひもじさに耐えてきたことにより鬱屈する人間の業《ごう》、歴史上ほとんど表舞台とならなかった場所としての思い……そんなじっとりとした土着的な積年の念がある地のほうが適しているように思う。だから北海道よりも東北地方に惹きつけられるし、そのなかでもっとも北に位置する青森が最適となる。

東北出身の有名人には、いかにも東北らしい念のある性格・作風を持つ人が多いように思います。毎日テレビで目にするお笑い芸人に東北出身者はきわめて少なく、明るく笑って何かを発散するような方向性の人・作品はあまり目にしません。

たとえば青森県の出身者をぱっとあげるだけでも、太宰治、寺山修司、棟方志功、奈良美智、淡谷のり子、三上寛、松山ケンイチ、ナンシー関、人間椅子（バンド）……カラッとした雰囲気の人が出てきません。それぞれにドロッとした強い業を感じる方々。私が北に求めているものはまさにこれなんです。もちろんこの見方にはかなり偏見も入っているけれど、私はそんな東北らしい東北出身者にこそ親しみを感じる。

北の人は、ふるさとについてのプライドをあまり表に出さない。自分の街を褒めない。どちらかというと嫌う。悪く言う。都会に出たとき、方言をいちばん隠そうとするのも北の人（特に東北の人。北海道人は方言をあまり自覚していない）。

だって、なんだか東北弁は田舎くさいっていう固定観念があるからね。ベタな漫画やドラマで出てくる田舎の人ってば、みんなズーズー弁なんですも

青森以外で、私が「東北らしい」と思う東北出身者
峯田和伸
山形
内省の爆発
吉田戦車
岩手
笑いの質
石川啄木
岩手
超ダメ人間
遠藤ミチロウ
福島
東北パンク
いがらしみきお
宮城
ぼのぼのっていうより「ネ暗トピア」
尾形亀之助
宮城
大好きな詩人
でもやっぱダメ人間
もちろん東北らしくない東北出身者もたくさんいますが。
落合博満
秋田
独特の泥臭さ
鬼海弘雄
山形
大好きな写真家さん

子とはまるで対極。

の。東京の関西出身者とか福岡出身者が持つ、方言について誇らしそうな様子とはまるで対極。

東北人も北海道人も、旅先での客を「なして（どうして）こんなとこまで来たんだか」という、少し卑屈な態度で迎えてくれる。ちょっと最初だけとっつかかりにくいけど、少しずつ、まさに雪が溶けるように、わざわざ来てくれたことへの感謝を前面に出して歓待してくれる。私にとって、北はこういうイメージ。

対して南は、やっぱりリゾート地なのです。ようこそ温暖な地上の楽園へ、という態度で気持ちよく迎えてくれるとは思うんだけども、どうしたって私は外部から来たお客さんで、懐にスルッと入れる気はしない。逃げた先に落ちつく場所ではない。

私は北の地で活力があふれるわけではなく、淋しさに打ちのめされるわけでもない。そこでただ自分自身の満たされなさと北の空気が同化していって、ひんやりとわだかまりが霧消していくのを楽しむだけです。やわらかいあきらめのような気持ちが生まれます。

北の人で、故郷を絶賛する人にはまだ会ったことありません。
雪ばっかり降ってさ 雪かきが不便だし なんもいいことない…
母（小樽生まれ 小樽育ち）
パチンコ屋ばっかりだし 映画も来ないしさ〜 なんで青森好きなの？
青森・津軽在住 友達Nさん
なんで能町さんが 北が好きなのかは よく分かんないですねー なーんにもないですよ
担当Bさん（新潟出身）
本屋はヤンキー雑誌 ばっかりですよ〜 宗谷岬も特に何も ないですよ〜
稚内で会った Kさん
掘り起こさないと なかなか故郷愛が出てきません

竜飛岬の階段国道。風強し

第5章

三十歳・誕生日の北

（2009年 30歳）

お誕生日おめでとうございます！

……と、三月には私は自分に向けて高らかに祝辞を述べる。

私は自分の誕生日が大好きなのです。どのくらい好きかって、人から祝われるのを全部無視したいくらい好きです。ひとりきりで自分を思う存分祝いたいくらい好きです。誕生日こそ自分勝手にふるまいたい。

そんな誕生日好きの私が三十歳になる日……二〇〇九年三月某日。この節目の日、私は何をしてやろうかいろいろ考えに考えて、二日前に突発的に決めました。

日帰りで、北海道旅行をしよう、と。

北で生誕三十周年を迎えたい。誕生日こそいろんなことから逃げ、とにかく北に行こう、と思ったのです。大好きな誕生日は一年に一度なんだから、この際カネに糸目なんかつけまい。始発の飛行機で行って最終飛行機で帰ってくれれば、現地にはけっこういられる！

誕生日の早朝、私は軽装備で始発の新千歳空港行き飛行機に乗り、朝焼けの中を羽田空港から飛び立ちました。

行先も決めず飛行機に飛び乗り、到着した北海道はまだ午前十時

私は北海道のどこに行くかも決めないまま飛行機に乗ってしまった。機内で、さてどうしようと考え、着陸するころにふと、父と母が育った小樽の街を見ようかな、と思いはじめました。そして気づきました。私が「北に逃げたい」と思うのは、私の家が北の出であるにもかかわらず、私がほとんど北で育っていないことも一つの要因かもしれない、と。

私は中途半端な北関東の新興住宅地で育ったためにそこが地元だという意識が持ちきれず、一方で私自身は親戚筋とも疎遠なので、もはやほとんど北

の地とつながりはない。それだけに、私は仮想の「故郷」を求めて北に行ってしまうのかもしれません。祖母の故郷である陸別に行ったときもそうだ。いつも私は「北に住む私」を想像するし、さらには「もし北で育っていたら」ということを夢想しています。

さて、空港から汽車一本で小樽に来て、まだ午前十時。時間はたっぷりある。小樽は、子供のころに親戚の家に来て以来約二十年ぶりです。両親の育った場所（町名）は、よく話に聞いていました。小樽と言えば運河だとか、石原裕次郎記念館だとか、いまは観光の街というイメージが強いですが、父と母の生家は両方とも小樽市街の外れで（かなりご近所らしい）、観光スポットとは全く別の方角です。地図で調べても、特に見るべき名所はなさそうな地域。

父も母も、私からすれば信じられないくらい故郷に思い入れがなさそうで、生家のあったあたりにはここ数十年、一度も行っていないようでした。私は「小樽で育った私」を夢想しながら、父と母の育ったあたりを眺めてできれば生家も探したいと思いはじめました。

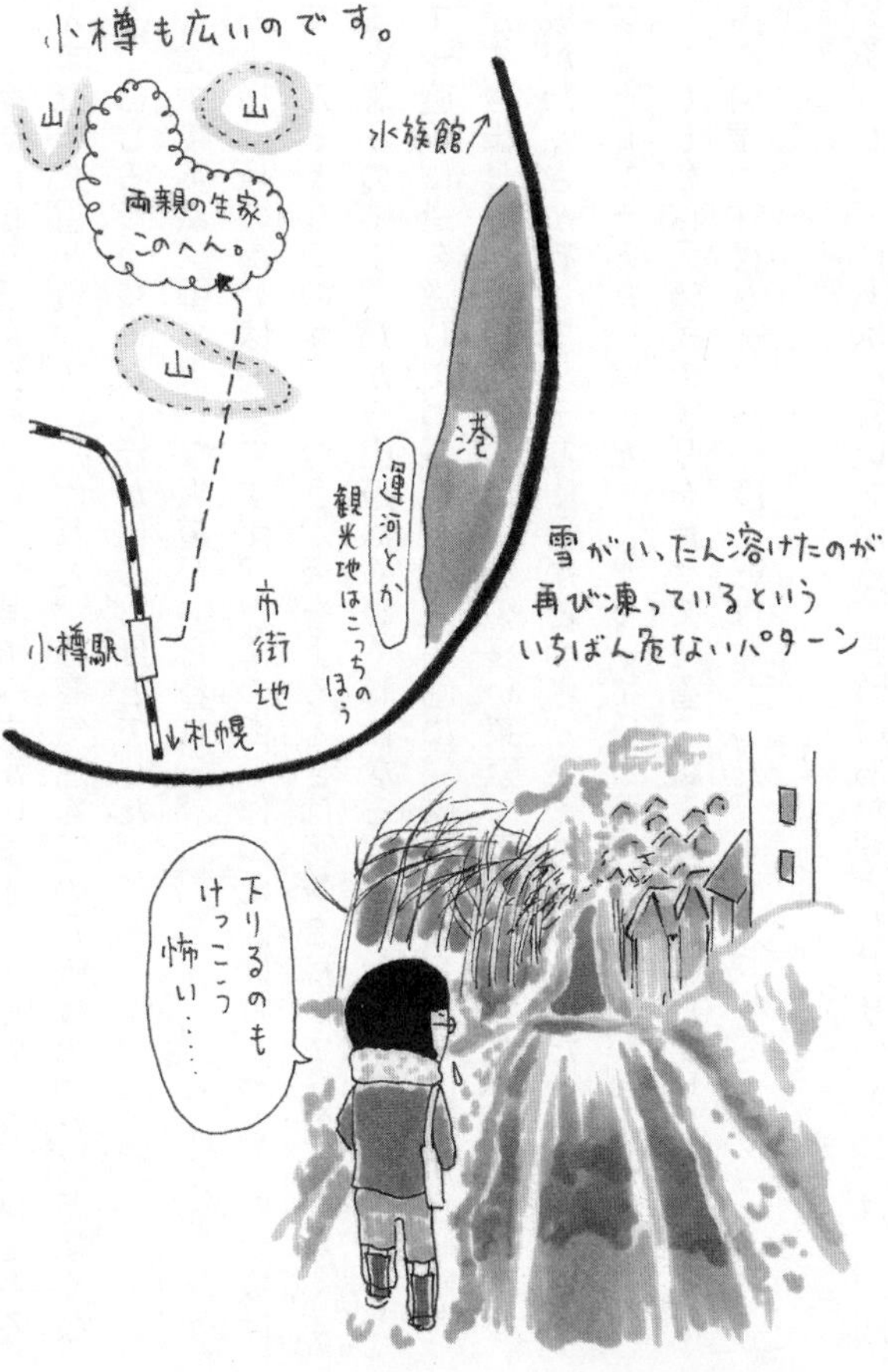
小樽も広いのです。
山
山
水族館↗
両親の生家このへん。
山
港
運河とか観光地はこっちのほう
市街地
小樽駅
↓札幌
雪がいったん溶けたのが再び凍っているといういちばん危ないパターン
下りるのもけっこう怖い……

小樽駅から雪道を延々歩いて、某町へ向かいます。三月の小樽にはもちろんまだまだ雪が残っていたけれど、最高気温4℃の気候は思ったほど寒くなく、むしろ歩いていたら汗がにじむほどでした。

途中で突然、壁のような坂道があらわれる。

小樽は坂の街とは聞きますが、小樽の街を作った人はちょっとどこか抜けてたんじゃないのか。ふつう、坂を上るときは距離を稼いで傾斜をゆるくすると思うのです。だから山道はくねくねになる。しかし、小樽は山に向かって一直線に道を通している。しかも頑固に、階段は作らない。だから傾斜角がすさまじい。街なかなのに、坂の多い東京でも考えられないような過酷な坂がたくさんあって、そこに雪がどっさり残っているものだから、街がまるまるゲレンデみたいなのだ。ただ歩いているだけで息が上がってくる。

しかし私は元道民の誇りを持って、雪の踏み固められたゲレンデのような道を何度も往復しながら一度も転ばなかった。よし。

そうして、はあはあ言いながら、某町のあたりにたどりつくまでは一時間弱かかったでしょうか。なんだか……とにかく古い。

住宅街だけど、新興住宅地の雰囲気は全くなく、かといって伝統的な建物があるわけではなく、昭和三十年代のような家並みがそのまんま残っていた。こんな街はあまり見たことがない。

高台から見ると、ゲレンデのような地形の中に、トタン張りや木造の、三角屋根で灰色の壁の家々がポコポコ並んでいます。雪につつまれてあたりはしーんとしている。頽廃的《たいはいてき》なような、それでいて牧歌的なような、独特の光景。

小樽というとみんな観光で港のほうに行くけれども、港よりも内陸の住宅地のほうが見ごたえがあるよ！

それにしても母、こんなゲレンデのような急斜面で育ったとは。「中学校までの道は山ふたつ越えなきゃいけなくて、通うのが大変だった」なんてことを母はよく言っていて、それを聞くたび「街なかに住んでるのに山とは大げさな」と思っていたけれど、ほんとうに山でした。小樽は、坂の街っていうより山の街。

急坂をのぼり、母が育った家を探して

さて、私は以前に母に見せてもらった生家の写真のぼんやりした記憶を頼りに、あたりを歩きまわりました。バス通りから一本入ると、雪の表面に足跡がまったくない急坂がある。これはアレだな、地元の人ですら危険すぎてめったに歩かない道なのだな……。しかし私はここをのぼる！　家を見つけるために！

もはや、軽装備で雪山登山をする無謀な初心者。靴はブーツだけど非防水。一歩踏むたび二十センチほど沈む雪道を滑落しないようにえっさえっさのぼっていたら、自宅前の雪かきをしていたおばちゃんと目が合いました。周りに歩いている人が一切いないし、雪でしんとしているので妙に距離が近く感じる。おばちゃんは自然とあいさつをしてきてくれたので、試しに家のことを聞いてみることにしました。

「あの、母の育った家を探してるんですけど、このへんで××という家はあ

いっしょけんめい上りましたが
母の家は坂の下でした……。

りませんでしたか」

「う～ん私もここに嫁に来て三十年くらいだからね……どのくらい前の話？」

答えようとして気づいた。祖父（母の父）がその家を売ったのは三十五年以上前だ。なくなっていても当然だし、このおばちゃんとウチの母は接点を持ちようがない。

ああ、私の家族は、北から離れて時間が経ちすぎた！


その後、ここまできたらどうしても突きとめたいと思って唐突に母に電話をしてみましたが、直接聞いてみても両親それぞれの家の場所はよく分かりませんでした。どうやら父の生家がなくなっているのは確実らしい。

歩きつかれた私は小樽の高台の喫茶店で長いこと休憩してから、日が暮れるくらいまで小樽の街をぶらぶらし、最終の飛行機で帰宅しました。

私と私の家が北からずいぶんと離れてしまったことを実感して少しショックを受けながらも、「北で育った私」を雪の中で夢想しながら歩き回り、私の三十代は華々しく（そして北らしく）始まりました。これから何があっても、このスタートを思い出せばしばらく大丈夫。

ちなみに、母に詳しく場所を聞いてから数年後に再訪問して、母の育った家は現存していることが判明しました。ちょっと感激しました。

第6章

観光地・夕張

（2009年 30歳）

私は北の寂しさを愛しています。そして、私は日本の北の街の中でも群を抜いて寂しそうなところを知っています。きっとみんなも知っています。

いまや、寂しさで有名といっても過言ではないあの街にはどうしてもいつか行きたいと思っておりました。

夕張です。

炭鉱で栄えていたころから人口は十分の一以下になり、政策的な失敗でいろんなところがほころびまくり、どう考えても抜群に寂しいであろう夕張の街はどんな感じなのか！　北好きの私としては、観光者あるいは移住予定者（＝逃北人）の気分で見たかったのだ。私にとっては寂しさ自体が観光資源と言ってもいいわけで、夕張は日本でも屈指の絶対行きたいスポットにほかな

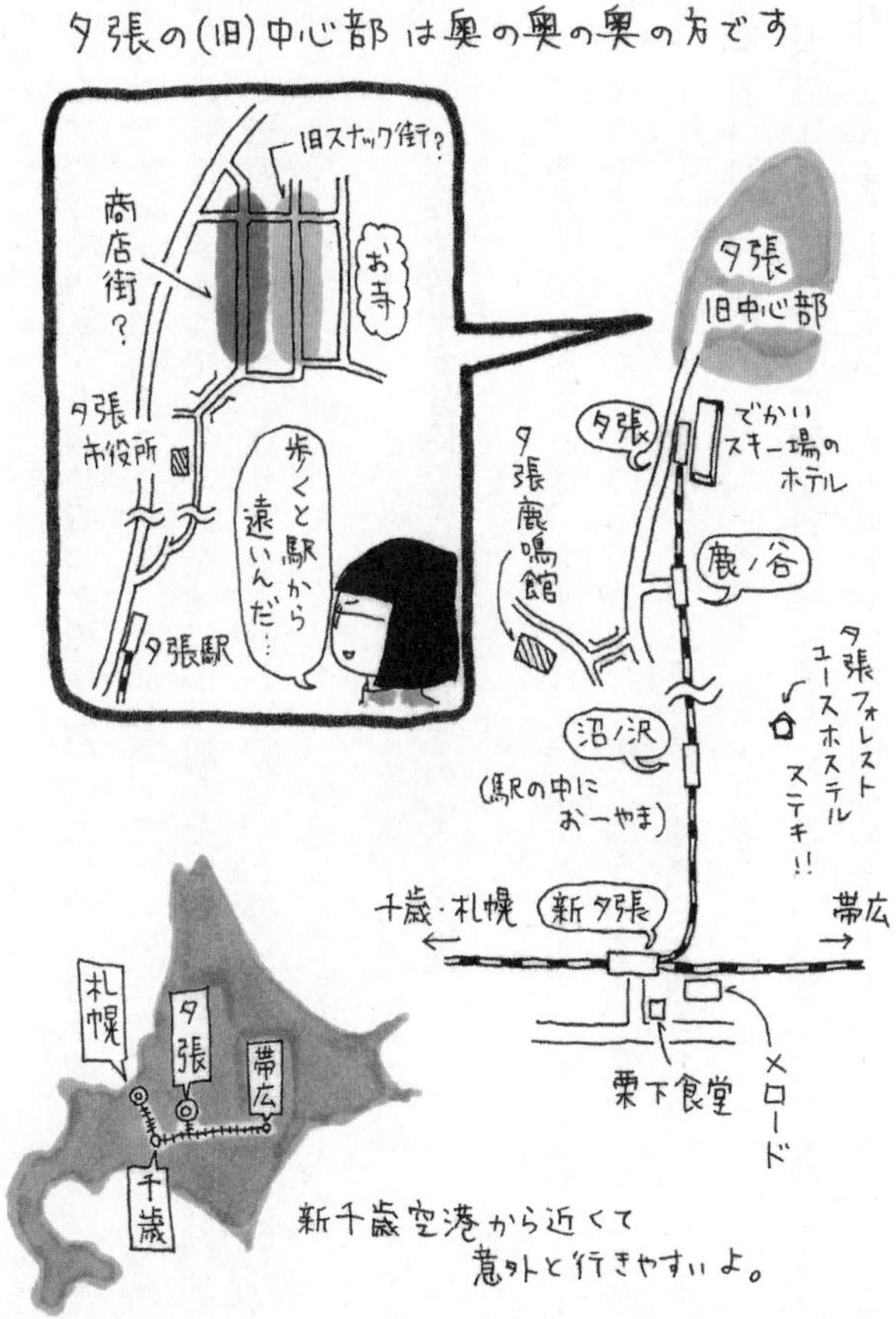
夕張の(旧)中心部は奥の奥の奥の方です
旧スナック街?
商店街?
お寺
夕張市役所
夕張駅
歩くと駅から遠いんだ…
夕張旧中心部
夕張
でかいスキー場のホテル
夕張鹿鳴館
鹿ノ谷
夕張ユースホステル
ステキ!!
沼ノ沢
(駅の中におーやま)
千歳・札幌
新夕張
帯広
栗下食堂
メロード
札幌
夕張
帯広
千歳
新千歳空港から近くて意外と行きやすいよ。

らない。

そんなわけで、私が夕張に行ったのは二〇〇九年の四月下旬でした。お友達ふたりと北海道旅行をする途中、夕張に寄ってもらったのです。こんな酔狂な趣味につきあってくれるお友達には感謝したいしちょっと謝りたい。そして夕張の人にはもっと謝りたい。寂しい寂しいと書いているけど、決しておとしめているつもりはないんです。それが好きなんですから……。

二時間四十五分待って、真冬の寒さの中、夕張へ

さて、四月下旬ともなれば、さすがに北海道でもまず雪は降らない。……はずなのですが、なんとこの旅の最中、十勝ではうっすらと雪がつもりました。十勝で一泊していた私たちは、東京で言えば真冬の寒さの中、汽車で夕張方面へ向かったのでした（車を運転できる人は誰もいないのだ）。

お昼すぎ。山を越えて新夕張の駅に着くと、こちらは雪ではなく軽いみぞれ。どんよりした天気と先入観のせいか、街はめちゃくちゃ暗く見える。こ

こはまだ夕張のはずれで、家はまばらです。中心街に行くためには、ここで乗りかえて山の方へ向かう。しかし、その汽車がなんと二時間四十五分待ちです。事故でもなんでもありません、汽車の本数が潰滅的に少ないのです。

とりあえず、みんなで新夕張駅前の、紅葉山と呼ばれる集落をちょっとぶらぶらすることにしました。

駅を出ると、「メロード」というスーパーがあります。特産の夕張メロンにちなんでメロードなんだろうねえ！　ほっこりとかわいい（メロードは、二〇一一年に道の駅として再オープンした模様）。

お店には思ったより人がいました。見るからに旅行者の私たちにも、二個で百五十円のパンとかをふつうに勧めてくれます。あたたかいです。

おなかがすいたのでごはんを食べるところを探したが、もともと紅葉山は観光地でもない小さな集落だし、日曜だったのでお店も閉まりがち。コンビニは一応ある。見たところ、ほかにお店は三軒くらいしかなさそう。

駅前の「栗下食堂」というところが開いてたので、入ってみました。ここはトラックがたくさん通る国道沿いなので、たぶんドライバーが寄るんじゃないかな。ラーメンとかどんぶり物とかをやってる、大衆食堂ふうのところです。特に何も期待していませんでした。

しかし、ここの味噌ラーメン、かなりうまかったんです。

翌日私たちは札幌に行き、札幌在住歴の長い同行のお友達のすすめで某有名ラーメン店にも行ってるんだけど、そこよりも新夕張の栗下食堂の味噌ラーメンの方がおいしかったのだ。私の感覚がおかしいのかとも思ったけど、もうひとりの友達も認めたのだから間違ってはいないはず。

あまりガイドらしいことをしないこの旅行記であえてお店の実名を出したのは、きちんと応援したいからです！ 夕張、栗下食堂で町おこしだ。

で、ラーメンに満足した私たちですが、この街は歩き回るほどの広さもないし、みぞれも強風も辛いので駅に戻った。駅はわりとしっかりした建物だけど、人っ子ひとり見あたらない。あまりにガランとしてるので「誰もいな〜い！」と叫んでみたら、陰に駅員さんがいて非常に気まずかった。私たちは汽車が来るまで、駅で大貧民をしながら二時間をつぶしました。

待ち疲れたころ、夕張行きの汽車が登場。みぞれで靄《もや》がかった空間に向かって、たった一両の汽車は私たちとごく数人を乗せて出発する。魔界へいざなわれるかのような気分。

時刻は十六時前、一駅目の沼ノ沢駅で下車。

この日、沼ノ沢の近くのユースホステルを予約していた私たちは駅から二キロほどの道を歩く気だったんだけど、みぞれと強風で気力が萎《な》え、迎えを呼ぶことにしました。しかし、いくら電話してもユースホステルにつながりません。

沼ノ沢駅には「おーやま」というレストランがくっついています。というか、駅員さんはいなくて、「おーやま」しかない。私たちはしばらく「おーやま」で待たせてもらうことにしました。お店においてある新聞記事を見ると、「おーやま」のご主人はもと帝国ホテルのシェフだったらしく（実家が夕張らしい）、料理はかなりおいしいようです。お茶だけで長居するのは本当に申し訳なかった。

夕張、栗下食堂に続いておーやまで町おこしだ。長芋ハンバーグが名物だそうですよ。

森に囲まれた大草原にログハウスが

十七時過ぎになって、やっとユースホステルに電話がつながる。車に乗せてもらって着いたユースホステルは、木々に囲まれた広大な草原の中にポツンと建つログハウス。すばらしい！　しかもほかのお客はひとりもおらず、貸し切り状態。

ごはんもハイレベル！　アスパラとにんじんの揚げ出し、ホタテと野菜の煮物、新タケノコとタコのカルパッチョ風グレープフルーツソース、青菜のみそ汁、いろいろ豆と豚肉のちょっとすっぱ目のソースで味つけしたようなもの（メニュー名は分からないので勝手に考えました）。

料理を専門に学んだわけではない素人シェフのはずなのですが、素材の良さとあいまってほんとうにおいしい。

宿のなかではすっかり「寂しい街に来た」というより「大自然を満喫」の

看板がホームに落ちてた沼ノ沢駅。

しかし夕張フォレストユースホステルのあたりはすばらしかった!!

ほうへ気持ちが傾いてしまいました。紅葉山の街は寂しかったけど人は温かったし、夕張って思ったほどさびれた感じじゃないのでは……？

大満足の宿を出て、翌日はいよいよ夕張市街に行きます。あいかわらず天気は悪く、雪こそ降らないもののかなり寒い。

私たちはそこらじゅうにふきのとうがボカボカ生えてる道を、のんびり沼ノ沢駅まで歩きました。沼ノ沢に着くと同時に、ちょうど赤い車が来た。その中からおばさまが「昨日はどうもー」と私たちにあいさつしながら登場。あ、「おーやま」の奥様ではないか。あまりのタイミングにびっくりです。ここに住んだら全員とお知り合いになれそうだね。

沼ノ沢駅の待合室には、昨日はいなかった汚い猫がいた。姿も鳴き声も汚い猫は私のひざにのっておなかをもみもみしたり、ものすごく人なつっこかった。待合室にいたおばあちゃんふたりは「寒いから誰かが中に入れてやったんでないの」と話している。

夕張行きの汽車が来ました。もちろん一両。なぜか待合室のおばあちゃんたちは乗らない。なんだろうね、単に散歩の途中で休んでたんだべか。

汽車には、私たちのほかにひとりしか乗ってない。そのひとりも次の駅で降りた。私たちも、夕張駅の一つ前の鹿ノ谷というところで降りたので、汽車は夕張まで乗客ゼロになりました。回送でもないのに汽車に誰も乗っていないなんて、まず見たことがない。ぐっと寂しさが近づいてくる。

放置された産業遺産・夕張鹿鳴館

鹿ノ谷には、夕張鹿鳴館と呼ばれる、かつて炭鉱で栄えた頃の迎賓館のような建物があるらしい。そこは経産省によって「近代化産業遺産」に認定されたにもかかわらず、市の財政悪化だの、そこを持ってた会社が手を引いたりだの、いろいろあって二〇〇九年当時はなんと放置されているとのことでした。

産業遺産が、放置！　行ってみるしかない。

無人駅から歩いて十分ほど。「放置」と聞いて廃墟のような様子をイメージしていましたが、思ったよりはキレイ。ほったらかされてからそんなに時間が経っていないみたいです。窓は全部木が打ちつけられて中には入れず、一応保存したい様子は見える。鹿鳴館というわりに外観は和風。渡り廊下がいくつもあって、広い建物です。

中庭のようなところに出ると、遠くに反り橋が見えた。鹿のフン（？）が大量に転がる庭（というか、荒れている単なる空き地）を歩いて近くに行ってみたものの、橋が落ちない保証が全くないので渡る勇気が出ない。橋の下は深い谷ですもの。橋の向こうにはなにがあったのかなあ。

……その後夕張鹿鳴館について調べたところ、なんと二〇一二年現在、市から無償で（！）民間会社に引き渡され、レストラン＆高級ホテルになっているようです。立派なサイトもありますし、そこで見るかぎりずいぶんと整備されてキレイにはなっているんだけど……大丈夫かな。今までハコモノではさんざん失敗してきている街だからなあ……心配です。

栗下食堂、おーやまにつづいて、夕張鹿鳴館もがんばれ。

放置された建物を見ながら街を歩く

それから私たちは、年月を経て味の浸みた炭鉱住宅などを眺めながら、夕張駅までゆるゆる歩きました。レンガ造りでなにか由緒がありそうなのに、ガラスも全部割れたまま放置された建物がある。何の建物だかさっぱり分かりません。寒くてストールを頭に巻いていた友達がその前に立つと、まるで戦争真っ最中の遠い国のような写真になった。異様に絵になる風景だ。

街道沿いの、これまたなんだか分からないけど伝統のありそうな廃墟を眺めていると、道の向こうから「空き家ですよー」と声がかかった。「メロード」でも沼ノ沢駅でもそうだけど、夕張には親しげに声をかけてくれる人がやけに多い。お世辞にも華やかな街ではないし、私は寂しさばかり取り上げちゃうけれど、住んでいる人たちはまちがいなく明るいです。

声をかけてきたおばちゃんが道を渡ってきて、話をしてくれた。

「もとは二階が洋裁学校と幼稚園で、それが出てっちゃってからどこかの会社が買い取ろうとしたんだけどけっきょくほったらかしてっちゃって。屋根から雪は落ちてくるし危ないからどうにかしてほしいんだけど……」

廃墟が絵になるなんて思うのは楽天的すぎる。住民にとっては現実的に危ないのです。雪でつぶれかねない。

しばらく進むとついに巨大な建物が現れた。これがターミナルの夕張駅か。と、思いきや、その巨大な建物の前にある、公衆便所みたいなのが夕張駅なのでした。巨大な建物はとなりのスキー場とセットになったホテルだ。駅、泣けるほど小さい。終点なのに無人だし。トイレには「芳香剤を取っていかないでください　ボランティアでやっています　長く続けたいです　予算がありません」という貼り紙がある。

もう。悲しいよ。夕張から芳香剤を取っていかないで!!

まだまだ街を奥のほうまで歩きます。奥のほうが古くからの市街地。

市役所のあたりに行くと、古い映画の看板があちこちに唐突に掛けられて

爆撃で破壊された(かのような)建物の前で
たたずむ中東の女性……ではなく日本人の友達
屋根が落ちてる
ほんもののレンガ造りでした
寒いからストール
……
PCのどこかにまぎれて…
しかし私、夕張鹿鳴館の写真を
紛失してしまい描けないのです…
スミマセン…

います。べつに映画を上映しているわけではないし、映画の内容も夕張と関係あるわけではありません。夕張は映画祭もやっているから、それにちなんで飾っているのかもしれない。

個人的には、ただ映画看板を飾るのは、町おこしとしては何か変だと思うんだよね。目的がよく分かんないし。でも必死さは伝わる。しょうがない。

中心市街地は、ふつうの商店街通りが一つ、その裏通りがスナックの通り。この二つの通り以外、めだった繁華街はない。いや、そもそも繁華がない。私は、市街地でおみやげを買って少しでも夕張の経済活性化に貢献せねばなどと思っていたのですが、市街地にはおみやげ屋が見つからないのでどうしようもなかった。「メロード」のほうがおみやげが買えます。

消防署がつぶれているという衝撃的な光景もあるし、つぶれた病院が「羽柴誠三秀吉」（やたらいろんなところの選挙に出る青森の人。夕張市長選にも出た）のポスターに蹂躙《じゅうりん》されているのもショックだった。

でも、なんだかかわいい建物が多いよ。自分でむりやり建てたかのような、木とトタンでつぎはぎしたようなふるーい建物が多い。かつてはにぎわった

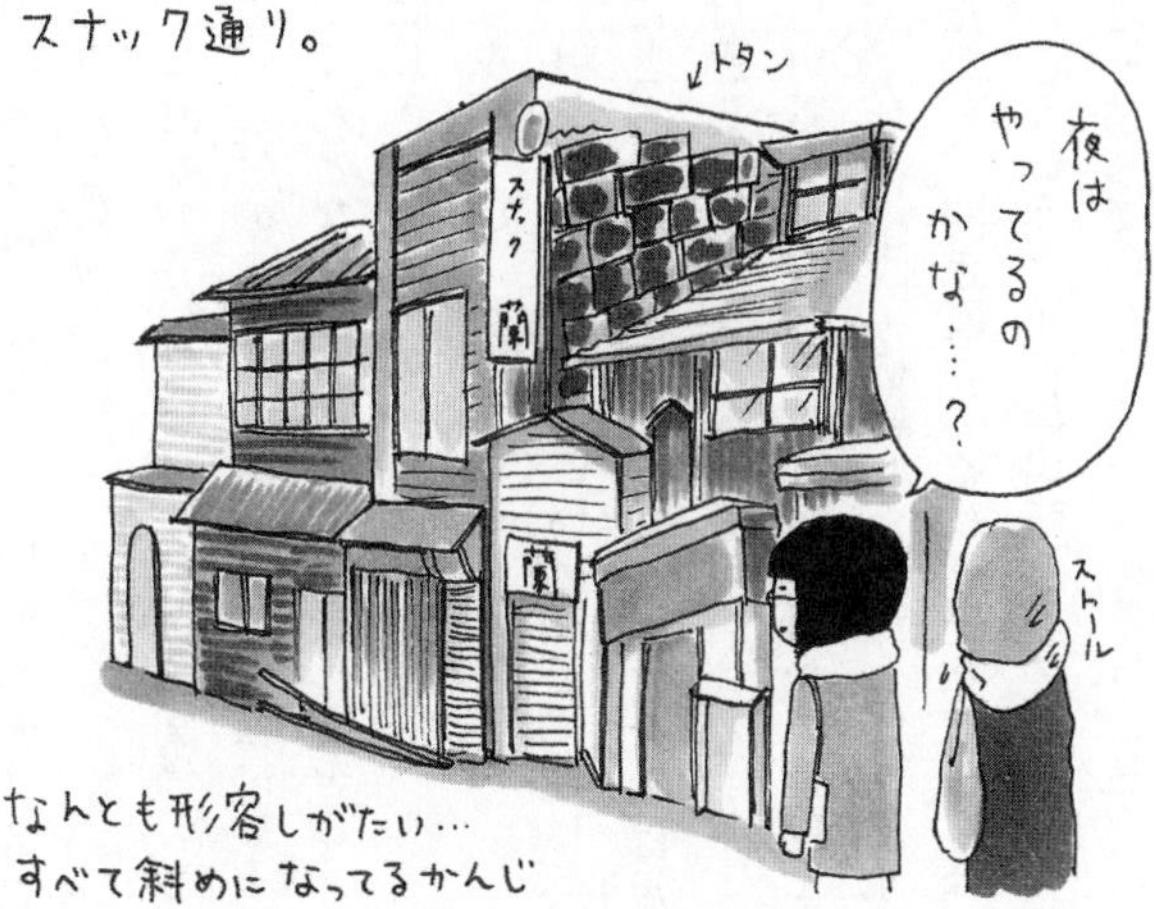
スナック通り。
トタン
夜はやってるのかな…？
スナック 蘭
蘭
ストール
なんとも形容しがたい…
すべて斜めになってるかんじ

中は
がらんどう
消防署
（出張所？）が
つぶれたまま
放置されてる…
「夕張市消防署」と
書いてあった形跡アリ

であろうスナック通りには、「ディスコ」とかいてあるお店もありました（たぶん営業していない）。

なぜかお寺は多いです。炭鉱関係のものらしい。山の上にある寺院につづく、がけのような階段。これも絵になる風景です。

なんとなく予想していた寂しさをこうして現実的に目の当たりにして、私はどう思ったか？

夕張、いいなあって思ったよ！

逃北の地としてもいいけれど、むしろ観光地として、ね。特に散歩マニアにとっては、街は少し寂しくても人は温かいし、「北らしい散歩」にこれだけ適した街はなかなかない。

いちいちお金をかけてどでかい施設を作る必要なんかないのだ。これだけ「さみしい街」「破綻した街」というマイナスイメージが浸透してしまったんだから、開き直ってそれを売りにしてほしいと私は本気で思っております。

こういうタイプの場所としては長崎の軍艦島が有名だけど、あっちはもう誰も住んでいない。夕張のほうが気楽に行けるし、人々も温かいし、散歩にも適しているよ！

　私が逃げる先として志向する「北」は、充実感とは対極にある場所。空虚感（よく言えば開放感）にあふれ、ともすれば見過ごされそうな場所で、わずかな人の息吹でほっこり暖を取るような生活が「逃亡先」にはふさわしいと思う。

　現実から逃げるとき、私は心身満たされて楽天的になりたいわけじゃない。夕張みたいな寂しいところに暖かみを求めにいくのも、私の逃北の一つとなりうるようです。

特になんの説明もなく映画の看板が並ぶ

防雪林の奥にちょこんとあるユースホステル

第６章　観光地・夕張（2009年30歳）

夕張商店街の一角

第7章

三十一歳の誕生日は雪さえあればいい

（2010年 31歳）

日帰り北海道から一年。三十一歳になる誕生日にも、ついどこか北に日帰りで行きたくなってしまいました。

でも、いまいちやりたいことが思いつかなかった。前年は北海道に行くこと自体が八年ぶりくらいだったから盛り上がっていたのだが、このときはそこまでのモチベーションが生まれなかった。

でもとりあえず北海道には行くことにしよう、と思ったのですが、当日を全面的にフリーにするために前日に仕事をがんばりすぎてしまい、気づけば午前四時。始発の飛行機に乗るためにはもう寝れない。しかし眠い。ちょっとだけ仮眠して、現地で時間を取るためにせめて八時くらいの飛行機に乗ればよしとしよう。うん。

で、起きたら九時半だったとさ。

さあどうする！　文明の利器ケータイで、いまからすぐ札幌に行ったら何時になるのか調べてみた。なんと十四時半には着く。うわー早い！　どうにかなるじゃん。飛行機ってすげー。

しかし十四時半に札幌駅に着いて何を見るんだ。いや、別に私の逃北は「見る」ってことは関係ないからいいか。いや、往復数万かけて行くのにせいぜい現地滞在六時間弱、それはいくら誕生日といえ、無駄づかいにもほどがあるか。ああどうしよう。ベッドの上ですごいがんばって考えるけど結論が出ない。

とりあえず北海道はナシにしよう。まず家を出よう。電車でどっか行こう。軽装で家を出ます。地下鉄に乗り、ま、東北でもいいじゃない。そうだ一度仙台をきちんと歩こうと思ってたんだ。仙台にしようか。と考えをまとめながら最寄りのJR駅に着いた。

みどりの窓口に行き、新幹線の切符を買う。

「はい、どちらまで？」

……聞かれた瞬間、なぜか、やっぱり雪が見たい!! という気持ちが、バーン! と私の心の幕を開けて華々しく登場してしまった。

前年の逃北に満足したのは、たっぷり雪を見たことも大きいような気がする。なにより手っとり早く北の雰囲気を味わえるのは雪や氷だ。しかし三月に、仙台まで行く途中の車窓で雪が見える確率は低い。雪を見るなら断然新潟のほうだろう!

「新潟まで、今日の片道で」

先のことをまるで決めてないのでとりあえず片道。そして新幹線に乗って即爆睡。ふと起きたらちょうど長いトンネルの中。国境の長いトンネルを抜けると、そこは雪国だったわけです、まさに。

雪がすっごい積もってる! そう、これが見たかったの! うれしい。白い。明るい。

新幹線はびゅんびゅん飛ばして、越後湯沢から山を下りる。長岡を過ぎると地面に雪がなくなってきました。まあそりゃそうだな。新潟市内なんて平地だから、もう雪なんて残ってないだろう。ね。

「31歳の北」はたいへん迷走しました

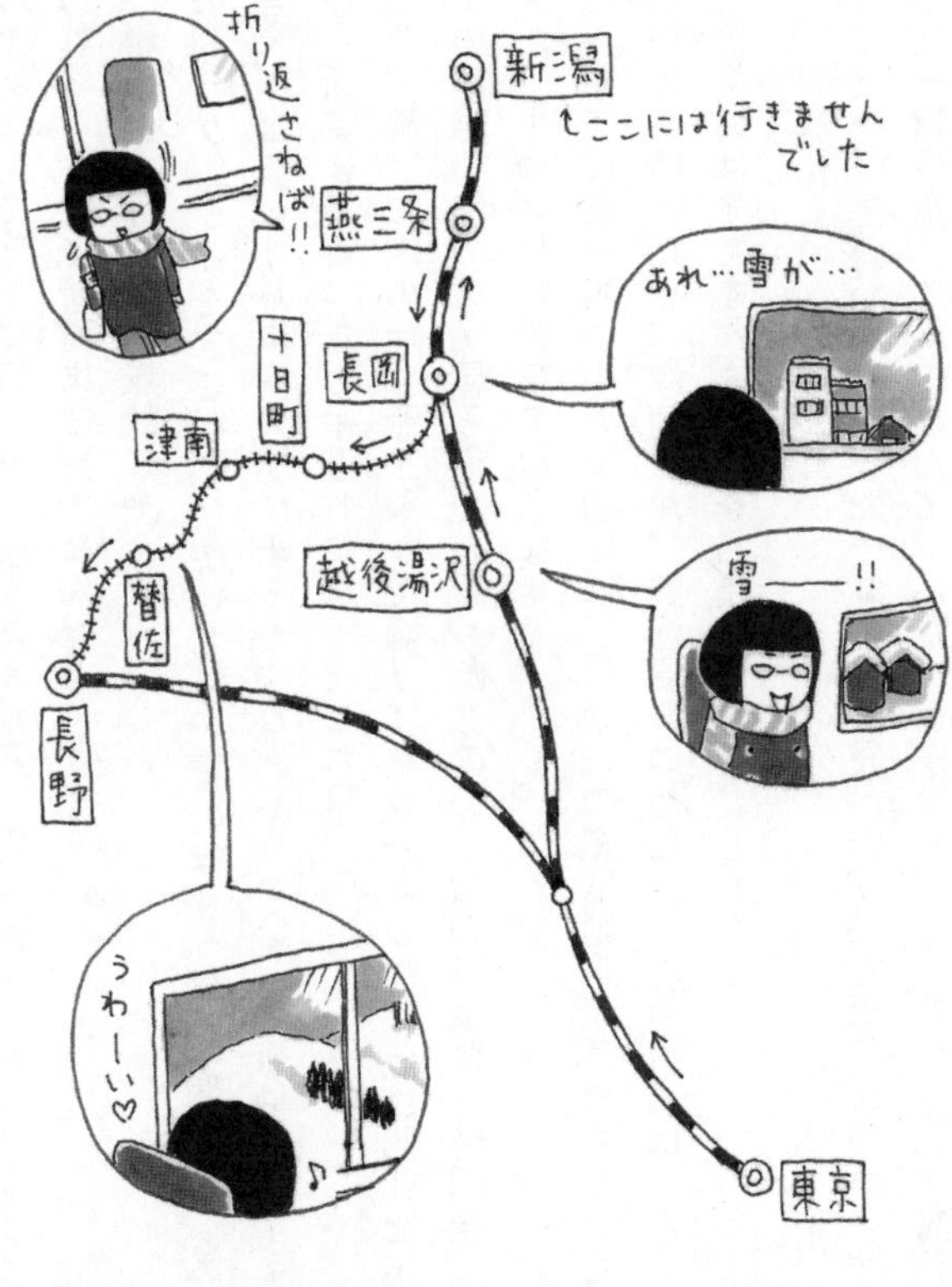

ん、じゃあなんで新潟に行こうと思ったんだろ。雪が見たいんじゃなかったか。あれ？　なんで新潟まで買ったんだ？

あっ、新潟まで行くの、無駄じゃん！

文明の利器ケータイをすごい勢いでいじり、雪のほうへ戻る道を考える。しかし答えが出ないうちに次の駅に来ちゃった。もういい、今日はスタートが遅いから新潟まで行ったら手遅れになるぞこれは。

あわてて、勢いで次の駅「燕三条《つばめさんじょう》」で降りてしまいました。一旦改札を出て、ローカル線で山の方へ戻ろうかと思ったものの、次の汽車が一時間後だ。あ、ダメだ、やっぱり新幹線で戻らなきゃ。

このときすでに私の頭の中の地図には、日本一の豪雪地帯が浮かんでいた。新潟と長野の県境あたり、津南《つなん》とか、野沢温泉のあたり、あのへんはとんでもない積雪量のはずです。もう雪を目指すならそこしかない。

ということで、急遽新幹線でまた一駅戻る。買った切符を最後まで乗らず、しかもまた一駅分買って戻るなんて、ふだんケチな私からすればなんて贅沢なんだ。でも誕生日だからいい。北海道に行ったと思えば安いもの。

　長岡に着いて、やっとのんびりしたローカル線に乗ります。前の席には、美人だけど髪の毛が昭和のスナック風の若い女。なんでそんな強いパーマにしたのかね、貴女は。そしてその横に座ったのは、ガタイがよくてふちなしメガネで、ウインドブレーカーの上下を着た「実話時代」を読む男。とても北を感じる良い風景。

　汽車が発車すると、かわいいじいちゃんがヨタヨタ歩いてきて、私に「トイレはないんかねえ」と聞いてきました。ごめん、私は地元っ子じゃないから分かんないです。軽装のせいで地元の人だと思われてうれしい私。

　途中で飯山線に乗りかえて、いよいよ豪雪地帯に向かいます。やはり景色は期待通り雪だらけになってきます。うれしいうれしい！　ミルフィーユがたくさんある。屋根も、川岸にも、ミルフィーユだらけ。

　私は勝手に、雪が積み重なった断面の部分をミルフィーユと呼んでいるのです。豪雪地帯では、自然が勝手に美しいミルフィーユを作っていきます。

　汽車は十日町に着いた。とりあえずこの汽車の終点みたい。私はこのまま長野に行きたいのですが、次の便はいつだ。
あ、一時間半も待つのか……。まいったなあ。計画のない旅はこういうとき困る。

汽車を待ちながら、雪だらけの街をさまよう

十日町の街をあてもなく歩き回って、あまり収穫なく帰ってきて、一時間半後にやっと長野行きの汽車に乗る。この時点でもう十六時でした。ほんとはいちばん雪のすごいところで降りてみたかったけれど、長野に着くころには暗くなるだろうし、一度降りたら今日中には帰れなさそう。今年はしょうがない、車窓から延々雪を見るだけでもいいや。

汽車はどんどん山に分け入り、信濃川に沿ってのぼっていく。高校生がぽつぽつ降りていく。あ、長岡でトイレのことを聞いてきたじいちゃんが乗っているじゃないか。ずっといっしょだったんだ。どこに行くんだろうか、いつの間にかお花を持っている。雪はゆうに一メートルは積もっていて、まん

これがミルフィーユです。
ココ
ココ
ココ
にしおおたき
西大滝
Nishi-Otaki
ココ
ココ
ココ
切り株のところは
あたたかいから
雪がとけてる
地面はもう
雪がなかった
ミルフィーユ大好き。

まるい、しんとした景色が広がっている。雪がこんなに見れて本当に良かった……。

しかし、一時間半も乗ってるとさすがに飽きてきました。だんだん暗くなって外が見えなくなってきたし。

長野にだいぶ近くなって、替佐《かえさ》という小さな駅でじいちゃんは降りました。おうちなのか、それともどこかへご訪問なのか。じいちゃんについていきたくなる。

真っ暗ななか、汽車は長野に到着。あとは、サラリーマンだらけのおそば屋に入って信州そばを食べ、ふつうに新幹線で帰ったのだった。

本当に、ただ汽車に乗って窓を眺めているだけの一日だった。前年に比べたらさすがに満足感は劣ります。

でも、あれだけ雪が見れたから、それはそれでいいのだ。なにより、朝のせっぱ詰まった状況からなりふりかまわず北に行くことはできたんだから、そこは満足です。逃げるという字面《じづら》には最もしっくりくるあわてぶり。これもまた「逃北」でいいでしょう。

この断面もまた分厚いミルフィーユ

第8章

逃北の極致、グリーンランド

（2010年 31歳）

海外にも逃北はある。

二〇一〇年七月中旬某日。私と友人ヨーコさんは午前十時過ぎくらいに成田を発った。延々ロシア上空を越え、ヘルシンキで乗りかえ待ち約三時間、次にコペンハーゲンで乗りかえ待ち約四時間、トランジット二回を経てやっとケフラビク空港というところに着き、そこからホテルまでバスで一時間強。ホテルに着いたのは現地時間で午前一時半。

実質二十四時間以上ぶっつづけの移動。もうクッタクタだった。

クッタクタで着いた先は、アイスランドなのです。海外旅行経験の乏しい私は、このときの海外旅行が三回目で、ヨーロッパは初めてでした。

アイスランド〜グリーンランド〜デンマークという旅。このなかで、私にとって筆頭の目的地は、グリーンランドの実質上の首都「ヌーク」でした。

日本のみならず世界中の「北」にあこがれる私だけれど、世界単位で見たとき、「飛び抜けて興味があった「北」はグリーンランドです。メルカトル図法の世界地図だと、上の隅のほうに入りきらないくらいの大きさでどでーんと鎮座ましましている巨大な真っ白い島。この図法では最北端や最南端がやたら大きく描かれてしまうので、実際はこんなに大きくありません。地球儀では、上の方にぺたっと貼りついている感じの白い島です。

日本の五倍以上の面積に五万人しか人が住んでいない白い島

きちんと説明しますと、グリーンランドとは、大部分が北極圏に属する世界最大の「島」です（グリーンランドより大きなものは「大陸」と呼ばれています）。面積は日本の五倍以上。人口は、全体でわずか五万人強。島のほとんどが氷で覆われているからしょうがない。

グリーンランドはデンマーク領ですが、自治政府があり、独立を目指しているようです。本国デンマークとは遠く離れていて、距離的にはカナダのほうが近い。民族はイヌイット（正確にはグリーンランドに住む人はカラーリットと呼ぶようですが、実質的にはイヌイットと変わらないようです。イヌイットのほうが通りがよいので、ここではそうします）が八〜九割。ほかにデンマーク人などもいます。

こんなグリーンランドですが、私が思うほど知名度はないらしい。グリーンランドに行くって言うと、まず「どこ？」って聞かれる。アイスランドと混同している人もよくいる。アイスランドのほうが寒そうな名前だけど、グリーンランドのほうが北に位置しているからややこしい。

場所を知っている人には、「何しに行くの？」などと聞かれる。「何見るの？」「オーロラ見に行くの？」などとも聞かれる。

そうなのか。みんなにとって、旅行とは何か特別なことをしに行く、あるいは特別なものを見に行く行為なのであるな。

オーロラは、まあ、見たら感動はすると思うんですよ。

でも、情報化社会のこの世の中、私はオーロラがだいたいどういうものか

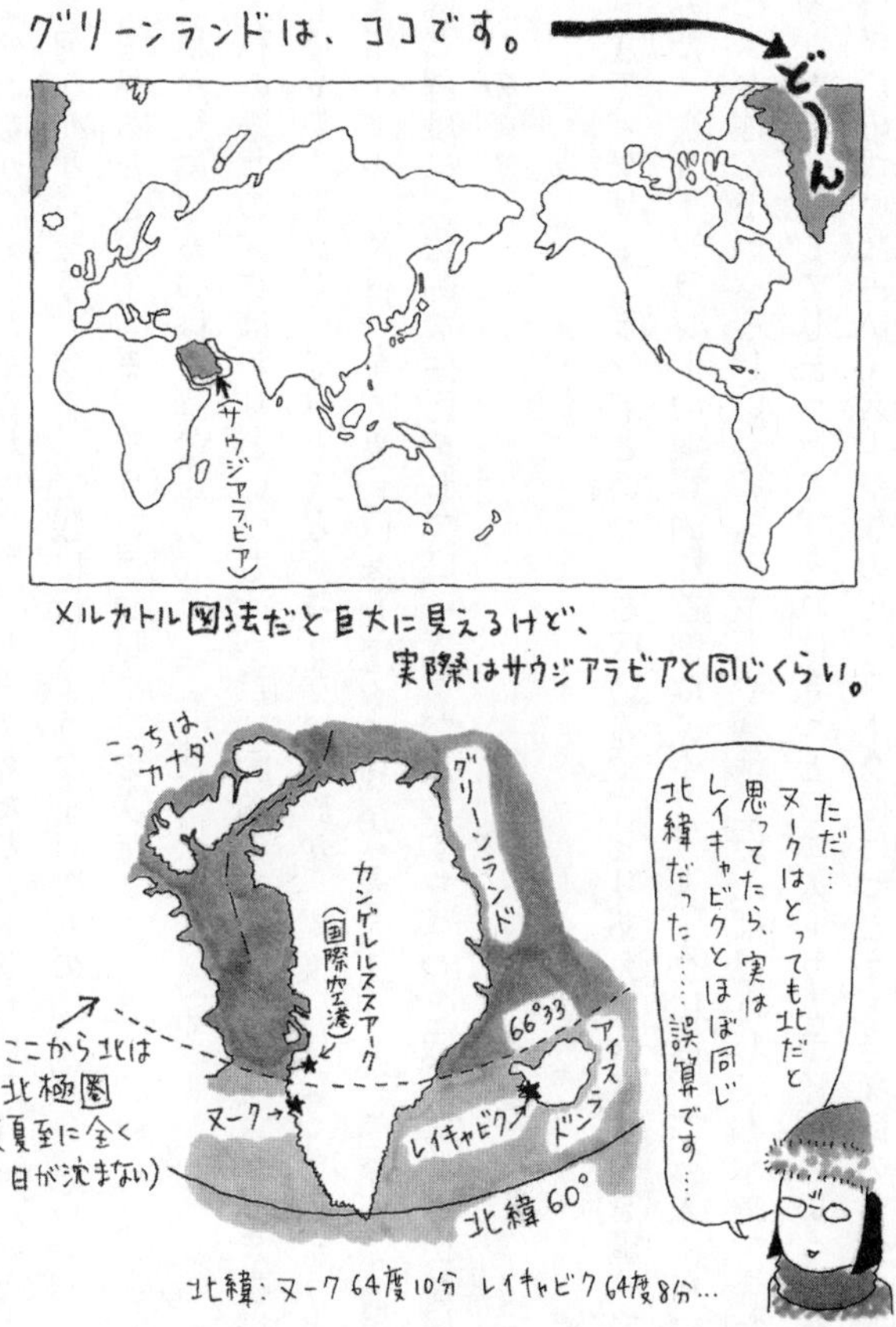
グリーンランドは、ココです。
どーん
サウジアラビア
メルカトル図法だと巨大に見えるけど、
実際はサウジアラビアと同じくらい。
こっちはカナダ
グリーンランド
カンゲルルススアーク
（国際空港）
66°33
アイスランド
ここから北は
北極圏
（夏至に全く
日が沈まない）
ヌーク
レイキャビク
北緯60°
ただ…ヌークはとっても北だと思ってたら、実はレイキャビクとほぼ同じ北緯だった……誤算です……
北緯：ヌーク64度10分 レイキャビク64度8分…

は残念ながら分かってるわけです。写真で見たことあるわけです。流氷とか、氷河なんかもそう。ツアーで観に行くような感じのものは、写真ならいくらでも見ることができる。そういう興味は二の次だよ。

私が気になるのは、「人が住む北」や「北に住む人」です。

私の逃北の興味はわりといつもそうだ。国内でも海外でも、人が住まない北極や無人島などにはほとんど興味がない。旅が「探検」になってしまうと、まるでジャンル外。長く厳しい冬と短く穏やかな夏を繰り返し迎えながら、同じ程度に文化的な生活をしている人々が暮らすちょっと寂しい北の街が好きなのです。

さて、グリーンランドといっても広いので、とりあえず大きな街を調べてみた。グリーンランドの実質的な首都はヌーク。ヌークには、二万人くらいの人が住んでいるらしい。イヌイットや極地といえばどうしても氷でできた家などを想像してしまうけど、それはきっと日本人＝サムライ、というくらい手垢のついた古いイメージなのだ。ヌークはけっこう大きな街のようです。

船や飛行機でしか行き来できない、周囲から隔絶された街

　グリーンランド島はフィヨルドと氷床が険しすぎるので道路が造れず、街どうしが行き来できない。だから街は沿岸部にぽつぽつあって、船や飛行機でしか行き来できない。そんなふうに周囲から隔絶された環境で二万人住んでる街って、どんなところなんだ。どれだけ寂しく、「北らしい」んだろう。

　しかし、その先を調べようと思っても、旅行でヌークに行った体験記は日本語ではほとんど見つかりません。ネットでも本でもダメ。『地球の歩き方』のグリーンランド版なんてあるわけもなく、巨大書店に一冊だけあったグリーンランド旅行記は、中を読んだらほぼ北極探検記だった。日本人が街を歩いて書いたような記事は全然見つからない。流氷ツアーなどは日本の旅行会社もやっているらしいが、超高額なうえ、ヌークには全く寄らない。ヌークは観光の拠点ですらないらしい。ウィキペディアを見たら、なかなか都会風の写真が載ってる。氷で真っ白なあの島にこんな風景があるのが信じられない。

住民はイヌイットだから、ヌークを歩いている人たちは私たちとたぶん顔が似てる。でも、どうやらデンマーク人もいる。どんな服を着てるんだろうか。夏は白夜で日が沈まないらしい。首都なのに空港がしょぼいので、国際線がほとんど来ないらしい。しかし大学はあるらしい。じゃあ若者はけっこういるのかな。みんなどこで遊んでんだろ。買い物するとこあるのかな。

隔絶され、どうやら観光地らしさもなく知名度もないけれど、まあまあ人は住んでいる立派なグリーンランドの首都ヌーク。調べてもよく分からない、想像もできない街。近くのアイスランドや北欧諸国は、行ったことがなくてもなんとなく街の雰囲気を想像することはできる。でも、ヌークは何から何まで分からない。

この注目されなさそうな北の街に、私は強烈に惹かれてしまいました。ヌークという響きもかわいい！

……と、私のグリーンランド（ヌーク）にかける思いは大きかったわけですが、そもそも私は海外旅行経験がとても少なく、ヨーロッパ自体行ったこ超典型的イメージ…

いや…さすがにコレは
ないと分かってるけど

かといって…

まさかこんな感じとは思わないよね
（このくらいの画像はネットでも見つかる）

とがない。グリーンランドにも以前から興味はあったのですが、渡航を現実的に考えたことはありませんでした。

しかし、海外旅行好きの友達ヨーコさんが、ある時「アイスランドに行かない？」と誘ってきたのである。アイスランドとグリーンランドはけっこう近い。アイスランドに行き、そこからグリーンランドに飛べないもんかな、と調べてみると、レイキャビク（アイスランドの首都）～ヌーク便という飛行機は存在する。アイスランドもいかにも北っぽくておもしろそう。こうなったら、このタイミングでアイスランドとグリーンランドに行くべきじゃないかな。

ヨーコさんに、ついでにグリーンランドにも行くのはどうかと聞いてみると、乗り気になってくれた。アイスランドに行きたいヨーコさんと、グリーンランドに行きたい私。両者の興味はわりと近いところにあり、グリーンランドへの上陸は唐突に現実的になっていきました。私とヨーコさんは日本にいながらインターネットでぽんぽんとチケットを取り、私のグリーンランド行き計画はとんとん拍子で進んでいったのです。

そんなわけで、くたくたでアイスランドの地に降りたった私たちは、まずレイキャビクに三泊しました。その間は、レイキャビクの街を見て、郊外でおいしいエビ料理を食べて、ブルーラグーン（温泉）に行って、と、比較的ふつうの観光をしました。とはいえ、車で街を抜けると一気に木も生えない大地が広がるアイスランドの光景はとても新鮮。雑草や苔が生えていればまだいいほうで、火星の大地を思わせるような、岩ばかりが延々広がる場所もありました。

東京でいえば四月くらいの気候で、空気は北らしくピンと澄んで張り詰めている。家々はカラフルな壁に三角屋根でどれもかわいく、どこを切り取っても童話みたいな風景。緯度が高いので日はいつまでも沈まず、二十三時くらいにやっと夕焼けが始まるけれど、真っ暗闇は訪れない。

こうして幻想的なアイスランドをひととおり見て、どちらかというと夏の青森で体験したような爽やかさを味わってから私たちはグリーンランドに向かう。レイキャビクからヌークにかけては、レイキャビク市内の小さな空港から直行便が出ています。

地方都市のバスセンターといった風情の空港で手続きをすると、私たちは飛行場内を徒歩で誘導されました。その先にあったのは大型バス程度の人数しか乗れない飛行機。

機内には、アジア系のような顔だけど、やや色黒で筋肉質な腕にタトゥーがほどこされてたり、どこか欧米人っぽい雰囲気の人たちが多い。彼らがイヌイットなのでしょう。なかにはまるっきり日本人に見える人もいます。民族的な近さを感じずにはいられません。旅行者と思われる白人家族もいます。

私は窓際の席を取り、子供みたいにずっと窓の下を見ていました。ヌーク行きの小型機は離陸し、アイスランドの景色は小さくなっていく。しばらく海の上を進むと、ついに巨大なグリーンランドが見えてきた。

このときの興奮と感激。わすれません。

真っ白い陸（というよりも、氷塊）の海岸だけ氷が溶け、茶色い地面が露出している。流氷が、ぶちまけた砂糖みたいに海上に浮いてる。流氷をふちどるような海水は、やけに鮮やかな水色をしている。このへんにどうやら人は

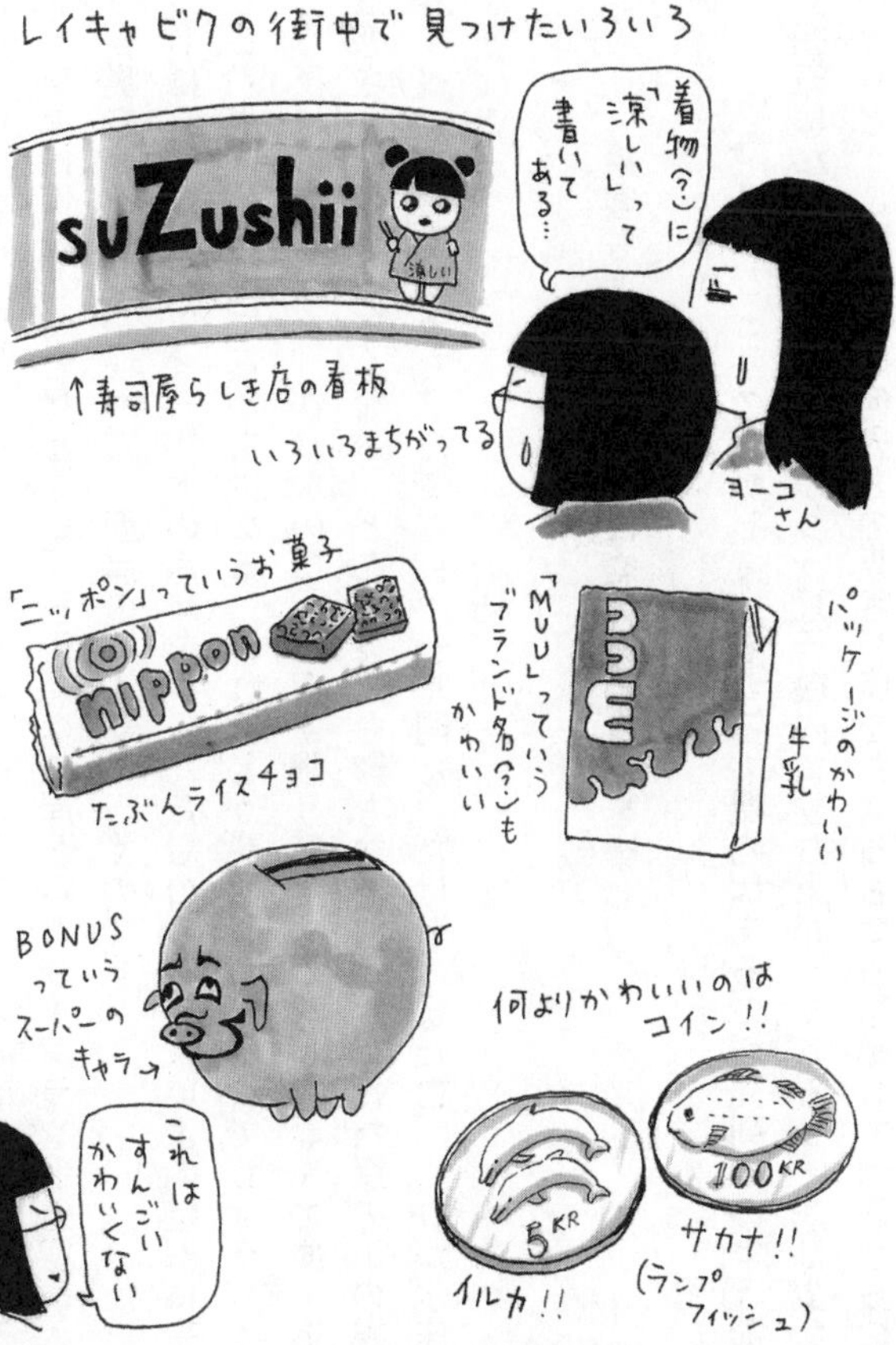
レイキャビクの街中で見つけたいろいろ
suZushii
涼しい
↑寿司屋らしき店の看板
着物(?)に「涼しい」って書いてある…
いろいろまちがってる
ヨーコさん
「ニッポン」っていうお菓子
nippon
たぶんライスチョコ
「MUU」っていうブランド名(?)もかわいい
パッケージのかわいい牛乳
BONUSっていうスーパーのキャラ→
これはすんごいかわいくない
何よりかわいいのはコイン!!
100KR
5KR
サカナ!!(ランプフィッシュ)
イルカ!!

住んでいないように見える。あらかじめ調べたところによると、グリーンランド東岸にはほとんど村がない。飛行機は東岸からグリーンランド上空に入り、島を西へと突っ切って、西岸のヌークに行くのです。

しばらく流氷とフィヨルドの海岸を楽しんだものの、いよいよ内陸部に来ると、眼下が完全に真っ白になる。これをどう説明したらいいでしょう。

真下には雲がなく、快晴なのに、見渡す限り完全なる真っ白なんです。遠近感さえも分からなくなる、どこを見ても影もない白。ただただ窓の下の視界すべて白。進んでも進んでも白。一時間たったけど、まだ白。これが氷床か！

乗客も席を移動しては窓の外の景色を楽しむ

……と、私がひとりで感動しているころ、機内はまるで観光列車のような雰囲気になっていました。ふつう飛行機内で立ち上がってうろつく人は少ないけれど、この便では何人もの乗客が席をちょろちょろ移動しては窓からの景色を楽しんでいる。前のほうにいたセイン・カミュを長髪にしたようなでっかい白人のあんちゃんは、ふらふら移動しながらいろんな人に話しかけていた。そのとき私の逆側の空席で外を見ていたヨーコさんは話しかけられたらしい。

「なんかねー、僕は写真を撮っているんだ、家はグリーンランドにあるんだけど、もしよかったらグリーンランドでいっしょにどこどこに行かない？　みたいなこと言われたのー。英語分かりませーんみたいな感じでごまかしちゃった。な～んとなく嫌だ、あの人」

「それナンパじゃないの？」

……「英語分かりませーん」と言ったヨーコさんの英語力は、実は本当に低い。しかし、彼女は数日後の別の便で、飛行機でとなりになった白人の女の子のiPodの音量が大きいことに腹を立て、「ボリュームをダウンして。ユア・ボリューム？　サウンド？　ミュージックをダウンするの、とにかく」って思いっきりカタカナと身ぶりで説明してほんとに音量を下げさせるほどの女子である。彼女が海外旅行経験豊富なのは、こういった図太さのおかげなのです。わりとビビりの私も彼女がいるからこそ安心して海外旅行ができるってものです。
ちなみに数日後、私たちは小さなヌークの街なかでこのセイン・カミュもどきに再会してしまう……。それはまた後の話。

さて二時間後くらいでしょうか、飛行機はついに西岸に近づいてきました。真っ白だった眼下にまた海岸線が見え始め、フィヨルドの複雑な線や流氷を見ているうちに、ついに夢のヌーク上空にさしかかる。飛行機は山がちなところを少しずつ降下し、街から少し離れた台地にあるヌーク空港に無事着陸しました。

東海岸にさしかかるとこんな感じ

そしてこんな所に着く。

「北らしい？」ヌークの第一印象

アイスランドでは、飛行機を降りたときから、北独特のピンと張りつめたクールな空気を感じました。ヌークはもっと「北らしい」のだから、一段と空気は張りつめて感じられるだろうな、と思いながら飛行機の外に出た瞬間のヌークの第一印象は……。

くっさー。

何これ。くさいんだけど、ここ。排ガスくさい。タイとかのロードサイドの香りですよ、これ。

ヌークってば、暑くはないけど、においはすごく東南アジアっぽい……！

最初は、ここが空港だから燃料やら機械やらのせいでくさいのかと思ったが、そうではなかった。そのあと街なかに行ってもやっぱりヌークは排ガスくさかった。たぶん、走ってる車が全体的に古いから空気が悪いんじゃないかと思う。

ヌーク空港の手荷物扱い所、超ちっちゃい

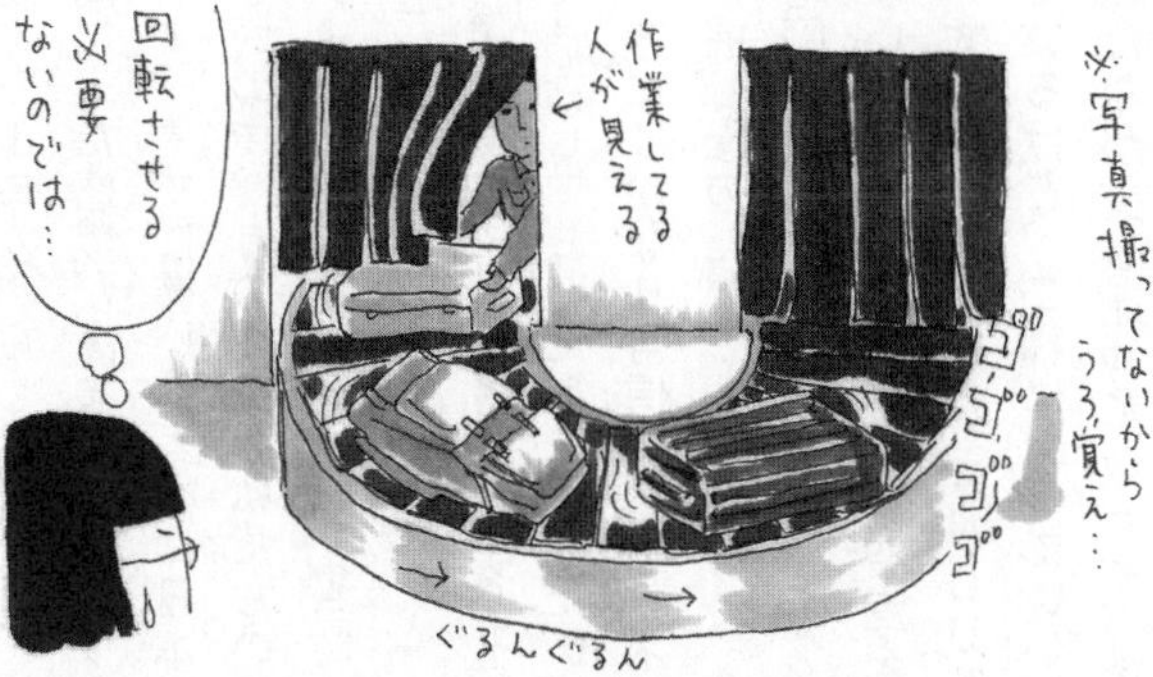

私たちは"NORDBO"という宿に行きたかったのだが
これはデンマーク語で「ノアボー」と発音するらしく…

全くヨーロッパらしくない！　アイスランドとも全く違う。ますます謎の空間に来た感慨が高まる。ワクワクします。

さて、すでに書いたように日本語のヌークのガイド本なんかこの世に存在しないので、この街での私たちの手がかりは、ネットからプリントアウトしたヌークのグーグルマップ（当時は現在よりも精度が低く、道がわずかに分かるのみ）と、『ロンリープラネット』（いわば海外版の『地球の歩き方』。もちろん全て英語）の「グリーンランド＆北極」だけです。とりあえず、日本からメールで予約しておいた宿に行きたいけど、宿のサイトには地図もなかったので行き方にはかなり自信がない。ネット検索を駆使して、ぼんやりとした場所は把握したのだが……。

地図によれば、空港からヌークの街までは五～六キロ。首都のものとは思えない、ものすごく小さな空港を出ると、バス停のようなものがあります。お、すぐにバスが来た。「ＮＵＵＫ」ではない地名がバスの電光板に表示されているけど、これに乗っていいのかなあ？

私たちが少し迷っていると、後ろから「これ、ヌークに行くみたいですよ」という声がかかりました。あ、親切にどうも……。

え、日本語！　こんな北の果てに来たのに、日本語!?

なんと、さっき飛行機で「日本人に見える」と思っていた女の人は、本当に日本人だったのだ。機内の時点ですでに私たちを日本人だと分かって、気にしていたらしい。

声をかけられたときは驚きのあまりロクに話ができなかったけれど、後からツイッター上で会話したところによると、なんと彼女は私の著書などを読んだことがあり、私のことをご存じでした。彼女は当時ヨーロッパ各国を一人旅していたらしい。いくら日本人が世界各国にいるとはいえ、旅行先のグリーンランドで偶然日本人同士が会った例は歴史上初めてなんじゃないだろうか……。あのときのGさん、本当にありがとうございました！

こうして私たちは、乗り方もよく分からないバスに乗り、英語の通じない運転手を相手にどうにか宿の近くのバス停を教えてもらいました。中心地にも近いそのバス停で降りると、街には土ぼこりが舞っている。ああ、ここがグリーンランドなのです。七月中旬に気温は11℃、まぶしい快晴！

道路はきちんと舗装されているけど、車が走り抜けると土ぼこりの舞いあがる乾燥したヌークの街。古い団地風の建物の壁や、グラウンドのような場所（のちにスケボー場と判明）の囲いには〝FUCK POLICE〟のスプレー落書き。最果ての殺伐とした空気をまとった街です。

アイスランドでは夏の青森に似たものを感じたけれど、ここはどことなく夕張に似ている。しかし、まわりに見える建物は北欧風で、壁の色は鮮やかな緑、赤、青、黄、とてもポップでカラフル。空はどこまでも青く、日ざしはきつい。

街の中に来てもそこらじゅう岩がちで、ポップカラーの家々も岩地にへばりつくように建っています。水道管、あるいはガス管なんだろうか、家と家をつなぐように太い管が岩肌を這っています。樹木は一本として見あたらない。草花は、道ばたや岩の合間にところどころ生えている。

このちぐはぐさは、今までまったく味わったことがありません。アイスランドとグリーンランド、場末感はグリーンランドの圧勝だ。

こんなバス停でおりた。
岩に貼ってある…
青い家
街が岩や砂だらけだよ
風強い
M.O
落書きも多かった
TAKE MY PHOTO!!
タタッ
宿への道にて…さわやかだったぜ、少年!
OH

不思議な景色の中、「北に住む私」を想像しながら旅をする

時間は昼過ぎだったでしょうか、「北らしい」のかどうかもよく分からない不思議な景色のなか、私たちはとりあえず宿に向かって歩きました。

そのとき、色黒の少年が私たちの横を追い越し、ふり向きざまに言ったのです。

「TAKE MY PHOTO！」

片手にスケボーを持った、中学生くらいの歳の彼は人なつっこい満面の笑みを浮かべてピースサインをしてきました。もちろん私たちはさっとカメラを出して撮ったのですが、彼はその写真を確認もせず、またタタッと駆け抜けて行ってしまいました。鮮やかな水色のTシャツ。

あ、この街、いいんじゃない？　第一村人の印象、最高。

私たちは坂をのぼり、かわいらしい赤い壁のホテルに着きました。受付にはオーナーらしき太ったおじさんと、アルバイト学生風の女の子がいました。

イヌイット系の女の子は英語力がちょっと微妙でしたが、人なつっこくていい子です。私たちは受付に行くたびに彼女と一言二言しゃべり、なんだかんだで彼氏の話なんかも聞き、しまいには彼氏といるときにバッタリ出会いました。なんだこの街、やっぱり狭いぞ。

ここはホテルといってもアパートのような作りで、食事は出ません。ホテルの各部屋はキッチンもついていて、おのおの自炊をするシステムです。広めの1LDKで快適。

ところで、グリーンランドは農産物が採れないので、野菜や肉はおそらく百パーセントが輸入です。そもそも島内での産業が漁業以外あまりないので、ほかの商品も輸入だらけ。だからなんでも物価が高い。ホテルだってかなり安いところを選んだのですが、それでも日本円で一泊一万円以上。

ということで、私たちは、グリーンランドにいる間じゅうできるだけ外食を控え、スーパーで食材を買って自炊して食費を抑えようと決めました。

とはいえ、水道水は少し濁っていて、見るからにそのまま飲めたものではない（シャワーが妙に磯くさかったので、海水を濾過《ろか》しているのかもしれない）。ヨーコさんが持ってきた簡易濾過装置を使って飲用水は少しずつ作れたけど、ガンガン水を使えるわけでもないし、調味料を買いすぎても無駄な荷物になる。結果として、私たちは毎日のように安めの野菜を買ってきて茹で、ひたすらマヨネーズをつけて食べていた。逃北ではいつも「北に住む私」を想像しているのでこれはこれでよかったのだが、現地の食文化は何も分からなかったので、せめて一度くらいレストランに行っておけばよかったと後悔している（ただ、まともなレストランは一軒くらいしかなさそうでしたが……）。

さて、ここに私たちは四泊もしたのですが、もともとヌークの中で行きたいところが決まっていたわけではありませんでした。唯一のガイド本である『ロンリープラネット』にはコンビニ程度の店まで掲載されている——ということはつまり、そんなものを載せるほどこの街には何もないということだ。自転車でもあれば二、三日で回りきれそうな小さな街に、観光名所と呼べるものなんて片手で数えるほどしかない。

だから私たちは、なんとなくぶらぶら歩き回り、行った先にあったものを

第8章　逃北の極致、グリーンランド（2010年31歳）

見て帰ってきて、スーパーでカリフラワーなどを買い込んで全部ゆでて食べる、という生活を毎日していました。

ヌークは小さな街だけれど、意外にもバス便がしっかりしていて、街のあちこちを回る路線がだいたい一時間に四本くらいある。どこまで乗っても均一料金。時間もほぼ正確に来るし、二十三時台まで便がある。白夜の時期もあるからみんな夜更かしなのかもしれません。たまにはこのバスに乗ってちょっと遠出することもありました。

ヌークもアイスランド同様、もちろん一日中明るくて、二十三時を過ぎてやっと夕焼け空になりはじめるという環境。ずーっと昼だから一日が妙に長く、私たちは、博物館、美術館、コミュニティーセンター、郵便局、おみやげ屋、スーパー、カフェ、ケーキ屋、服屋、コンビニ、本屋、CD屋、墓地、海辺……レストランと飲み屋以外、いろんなところに行ってヌーク生活を楽しみました。

真夏なのに東京の真冬と変わらない体感温度のヌーク

ヌークの朝は寒い。一応真夏なのに、気温は8℃くらい。昼間は15℃くらいまで上がることもあるけれど、風が強いときの体感は東京の真冬と変わらない。ある日、あまりにも寒いので安い服屋でニットを一着買ったところ、それはmade in Chinaだったのである。アジアからはるばる来たあったかい服を買って、わざわざクソ暑いアジアに持ち帰るアジア人の私であった。

ヌークはどこを歩いていても、遠くにも近くにも岩が見えます。さすがに七月だから雪はどこにも残っていません。しかし、傾斜が緩やかな岩地をのぼって高いところから見下ろすと、迷い込んだアザラシの子のように、海に流氷がぽつぽつ浮いている。氷柱こそないものの、氷河がつくった険しく美しい岩山や島々も見えます。

岩山にのぼるのは住民も好きなようで、短い夏を楽しんでいるのか、穏やかな気候の日になんとなく岩場に腰掛けている人が多くいました。日光浴なのかもね。仕事はどうしてるんだろう？　という現実的な疑問も頭をよぎったが、よく分からなかった。

ヌークの人たちは思ったよりも白人率が高く、イヌイットが大半だと思っていた私はだいぶ拍子抜けしました。若者たちは、スケボーが好きらしい。いきなり会ったイヌイットの子もおそらくスケボー場に行くところだったんでしょう。

街中に落書きは多いし、日本にもありそうな古めかしい団地風の建物が街の真ん中にあるのでどこか殺伐とした感じは受けるけれど、見るからにガラの悪い人はあまり目にせず、街は平和そうに見えました。しかし、日本で見るホームレスの雰囲気に似たおっちゃんはよく見ました。あの寒い地でホームレスというのは考えられないから、おそらく深刻なアルコール依存症なのではないかと思う。私たちがカフェでくつろいでいると、そんな雰囲気のおっちゃんが店員に入店拒否されているのを見て、少しせつなくなった。住民の喫煙率もかなり高い印象。

街で、猫は一匹も見なかった。猫ってもともと寒いの苦手だからなあ。逆唯一の名所といってもよいサンタポスト。

なんと「グリーンランド国際サンタクロース協会」なるものもあるんですって!!（帰ってから知ったよ…）

に、どういうわけか野良犬はけっこう多かった。猫が暮らしにくいというのは、北も猫も両方好きな私としては歯がゆいところです。

さて、私がとても楽しみにしていたのは本屋とCD屋です。すでに書いたように、私たちは博物館にも美術館にも行きました。海沿いにある博物館「グリーンランド・ナショナルミュージアム」は充実していて、イヌイットの生活などを知ることができます。すぐ隣にあるサンタクロース宛の巨大ポストも含め、この街随一の観光スポットと言っていいものだと思います。

でも、私はそういうところよりも、「ここで暮らしていたら行くであろうところ」が好きなのだ。

街の中心部にある、民家風の本屋さんへ

まずは本屋さん。私たちが歩き回って見た限り、本屋は街に一軒しかなかった。

街の中心部に、外壁にかわいらしい本の絵が描いてある家がありました。それ以外は民家風で、窓が小さくて中が見えない。おそらく本屋だろうと見なしてこわごわドアを開けてみると、二階建ての建物のほとんどが本の売り場になっているけっこう広いお店だった。

入って右側にいきなり『NARUTO』や『犬夜叉』（デンマーク版）がある。ホテルのバイトの女の子に「日本から来た」と言ったときは「オー、ジャッキーチェン！」と言われたので日本の知名度もそんなもんかと思っていたけど、漫画の力はやっぱり強い。

私はまず辞書や語学の本がありそうなところに向かいました。グリーンランド語に興味があったのです。

今のグリーンランドではどうやらデンマーク語のほうが主流のようでしたが、街の看板などの表記はデンマーク語とグリーンランド語が併記されています。グリーンランド語はアルファベットで書かれるけれど、やたら一単語が長くてやたら「Q」が登場するので、見た目ですぐ分かる。

しかし日本語＝グリーンランド語辞書なんて存在しない。せめてグリーンランド語＝英語辞書がないかと思って来てみたのですが、どうもそれらしきものが見あたらない。

店員さん（ひとりしかいない）に聞いてみると、そんなものはないと言う。グリーンランド語＝デンマーク語辞書しかないらしい。デンマーク語を勉強しないとグリーンランド語がさっぱり分からないというのは困ったもんだ。グリーンランド語、なんてハードルが高いんだ……。

結局、私とヨーコさんは二階で長いこと写真集を品定めし、お互いに一冊ずつ買いました。私が買ったのは、グリーンランドの北の端にあるカナークという村の写真集。村に出自を持つデンマークの学生さんが撮ったもののようです。いまでも大好きで、よく眺めております。

本屋から徒歩二、三分のところには、アトランティックミュージックというお店がある。ここはCDと楽器を扱っています。音楽に関するお店もおそらく街にこの一軒だけ。

ヌークのけしき いろいろ…
街なかいたるところにある
岩山でぼーっと座ってる
人たち。……仕事は？
小さな市場？も発見！
しかし観光ぽさゼロで、入れず！
アザラシ？
入ったら怒られそう…
かわいい
かべは水色
atuagkat
でも中が見えなくて入りづらい！
↑見てのとおり、本屋さん
（すばらしい自然の風景は私の画力で
伝えきれないのでぜひ行って確かめてみてよね）

ＣＤ売り場は小さいですが、世界的に有名なバンドから地元のバンド、そしてグリーンランド土着の音楽まで、広く扱っています。グリーンランド音楽なんて、まったく想像もつかない。せっかくだから地元らしいＣＤを買いたいと思って、グリーンランドの民族音楽らしいＣＤを試聴してみました。うなり声のような、浪曲のような節回しがずーっと続く。たまに太鼓がちょっと鳴る。

これは……普段ＢＧＭにするにはちょっと厳しいな。そもそも民族楽器ってものがほとんどないのかもしれない。

ヌーク最後の日の午後、また岩山をのぼってみたら……

次に、おすすめされていた地元のバンドらしきＣＤを試聴してみた。ヌークの「Nanook」というバンド。

あ、これはすごく聴きやすくていいなあ。グリーンランドらしさは、歌詞がグリーンランド語だということ以外そんなになさそうだけど、日ごろ聴きたい感じの音楽だ。

いろいろ試聴した結果、私たちは「Nanook」と「Aavaat」のCDを買いました。「Aavaat」は、デンマーク在住のグリーンランド出身者で構成された、グリーンランド語のコーラスグループらしい。発音がとてもかわいらしくて癒されます。私たちは宿にいるあいだ中、部屋にあったCDプレイヤーでこの二枚をずっとヘビーローテーションしておりました。

ホテルでだらだらしている間はなんとなくテレビを見ていたりしたのだが、地元の「ヌークTV」を見ようとしたらなぜか「有料なので契約してください」というメッセージが出てきた。ホテルよ、なんで契約してないんだ！

デンマーク本国のテレビしか見れないではないか。朝の番組の天気予報も、デンマーク本国のことばかりでグリーンランドの情報はいっさい出てこない。

デンマークにとってのグリーンランドって、どういう立場なんだろう……。

さて、ヌーク最後の日の午後、私たちはまた岩山をのぼってみた。ホテルから民家のあいだを抜けて丘の上にあるグラウンドらしきところを通り、ゆるい斜面をのぼり、一山越えて下りていくと古い住宅地がある。そういえばこの街はフェンスのようなものがほとんどない。森も川もない。歩いていく先を阻むものがほとんどないので、どの方向にも歩いてゆける。

住宅地の脇で仲良く遊んでいるイヌイットと白人の子供たちにちょっかいを出しながらさらに進んでいくと、また上り坂になり、舗装道が途絶えた。しかし、やはりフェンスも森もないので、その先も岩の上をどこまでも歩いてゆけます。

峠のような場所にさしかかると、目の前の大きなすり鉢状の谷には、たんぽぽの綿毛のような名も知れぬ花がたくさん咲き誇っている。右側の斜面には、遠くに犬を散歩させている人が見える。向かって左には波も立たない穏やかな海があり、午後九時のほんの少し傾いた西日が、突き出た岸壁に建つ白いマンションをやわらかく照らしている。まっすぐ前を見れば、はるか向こうに、険しい岩山が守り神のように海に浮いている。何の音も聞こえない。すべてを包むやわらかい光。

ここは……世界の果てみたいだ。人工物はたくさん見えるのに、人だってすぐ近くに住んでいるのに、天国みたいだ！

「いいねえ……」

「ここは、すごいね……」

私とヨーコさんは地面から少し浮き上がったような気分で、このまましばらくこの場所にとどまりつづけたくなった。実際ここはなかなか日が暮れないから、だいぶ長い間、この神々しい光はつづくのだ。


その後、私たちはヌークから北極圏内のKangerlussuaq国際空港へと発ち、そこからコペンハーゲンへと向かうことにしていました。Kangerlussuaqは人口数百人の本当に小さな村ですが、ヌークよりも大きな国際空港があるのです（余談だが、Kangerlussuaqの発音はいまだに分からない。日本語ではカンゲルルススアークと書かれていることが多いけど、現地で聞いた感じだとおそらく少し間違ってると思う）。

ヌーク最終日の朝、空港行きのバス停に向かうと、ちょうどホテルのバイトの女の子が出勤するところに出くわしました。今までありがとう、また来るよ、なんて言葉をぎこちなく交わす私たち。私は一つくらいグリーンランドの単語を知りたいと思って、thank you はグリーンランド語で何て言うのか聞いてみた。

「QUJANAQ」

……Qが多い。彼女の発音に忠実に書けば「クヮィヤナーク」という感じ。やっと一単語知ることができた！

Qujanaq!

ヌークって結局、人に説明しやすい観光スポットは博物館くらいしかなかった。でも、殺風景だけどカラフルで、怪しい人も多いけどみんなフレンドリーだし、景色は神々しいし、へんてこないい街です。また来たいし、住みたいとまで思った。北への親近感は海外でもじゅうぶんに感じることができました。海外旅行でも逃北はできるんだ。

トランジットで降りたkangerlussuaqも歩きました。
ここはほぼ砂漠の街だった!

帰国後に知った、グリーンランドの驚愕の事実

さて帰国後、私は「Nanook」が気に入ったのでYouTubeで音楽ＰＶをいくつか見ていました。すると、動画についた一つのコメントが目に入りました。原文は英語で、はっきりと記憶していませんが「彼らの明るい活動で、グリーンランドの自殺する若者が少しでも減ればいいな……」といった内容でした。自殺する若者？　ミュージシャンのＰＶに、ずいぶん唐突なコメント。妙に気になった私は、“Greenland/suicide”などのキーワードで検索して調べ、辞書を引きながらいろんな海外サイトを読んでみた。

そして私は驚愕の事実を知った。グリーンランドは自殺率が異常に高いということ。

日本の自殺率の高さは時折問題になるけれど、そんなもんじゃあない。ＷＨＯによる、人口十万人あたりの自殺者数（二〇〇九年）は、日本が二十四・四人（世界八位）。一位はリトアニアで、三十四・一人。しかしグリーンラン

ドは、なんと十万人中百人（※）！　日本の四倍。

独立国ではないから統計には出てこないだけで、どの国よりも飛び抜けて高い。それも、自殺をするのは圧倒的に十代が多いらしい。

目を疑ったよ。のんきそうな国に見えたのに。

二十世紀前半、狩猟と漁撈《ぎょろう》にいそしんでいた時代は自殺なんてゼロに近かったらしいのですが、一九七〇年代から爆発的に増え始めたらしい。それはデンマークが近代的な医療システムや福祉制度を持ち込んでからのこと。東海岸の人口のきわめて少ない地域に至っては、子供の二人に一人（！）が自殺を図った経験がある、という情報もあった。

すでに書いたとおり、グリーンランドのそれぞれの街は地理的に孤立している。狩りで生計を立てていた頃ならともかく、テレビやインターネットで簡単に世界の情報が手に入るようになった今、隔絶性や閉塞性はもっと強く感じられるようになったのかもしれない。

ヌークに四泊して分かったけれど、実質的な首都であるにもかかわらず、やっぱりこの街に娯楽は少ない。“katuaq”という市民会館みたいなものが映画館を兼ねているくらいで、『ロンリープラネット』に載っていたボウリング場はつぶれたようだし、あとは酒場とカフェとスーパーくらいしかない。この中途半端に発達した街では狩猟や漁業もさほど盛んとは思えない。実際、失業者はかなり多いらしい。私たちが見た、岩場でぼーっと日光浴をしている人やカフェで入店拒否された人も失業者だったのかもしれません。

アルコール依存症の率もやっぱりとても高く、暴力事件はほとんど酒がらみで起きている。なんと性的虐待の率まで高いらしい。

一年の半分以上が冬のヌークだけど……

それに、私が行ったのは夏だったからいいけれど、ヌークは一年の半分以上が冬なのだ。真冬は零下の気温の中、数時間しか太陽がのぼらない。ネガティブな要素がこれだけあれば、自殺率が上がるのも無理もないような気がします。私はこういうことを調べて、しばらく暗澹《あんたん》たる気持ちになりました。

でも……、それでも私はヌークが好きだ。

私は「逃げる」ために北に行くのだ。逃げた先が底抜けに明るく楽天的である必要なんかない。自殺率の高さを考えると心が痛むけれど、緯度がさほど変わらないアイスランドの自殺率はさほど高くないし、治安の良さは世界トップクラスなのだから、グリーンランドの環境がすべて悪く作用しているわけではないはず。現に、街は特段重苦しかったわけじゃないよ。

どうかあの街が、綿毛みたいな花が咲き誇る谷間のような暖かさをこれからも秘めていますように……。また行きたいよ、ヌーク。

参考：

Slate Magazine（※）

http://www.slate.com/articles/news_and_politics/dispatches/2009/10/the_suicide_capital_of_the_world.html

たぶん本邦初、日本語によるヌーク ガイド地図!

━ バス通り(概略)

①サンタポスト。海辺の良いロケーション
②博物館。イヌイットの生活など
③CD店(アトランティックミュージック)
④書店。写真集を買った
⑤katuaq(市民会館みたいなところ。
カフェ・映画館併設、めっちゃキレイ)
⑥Brugsen(スーパー)
⑦PISIFFIK(スーパー。ホテル併設)
⑧ホテル NORDBO
⑨美術館(ややしょぼい)
⑩墓地。壮観

コンビニ(KAMIKやSPAR)とかおみやげ屋は
けっこうあります。

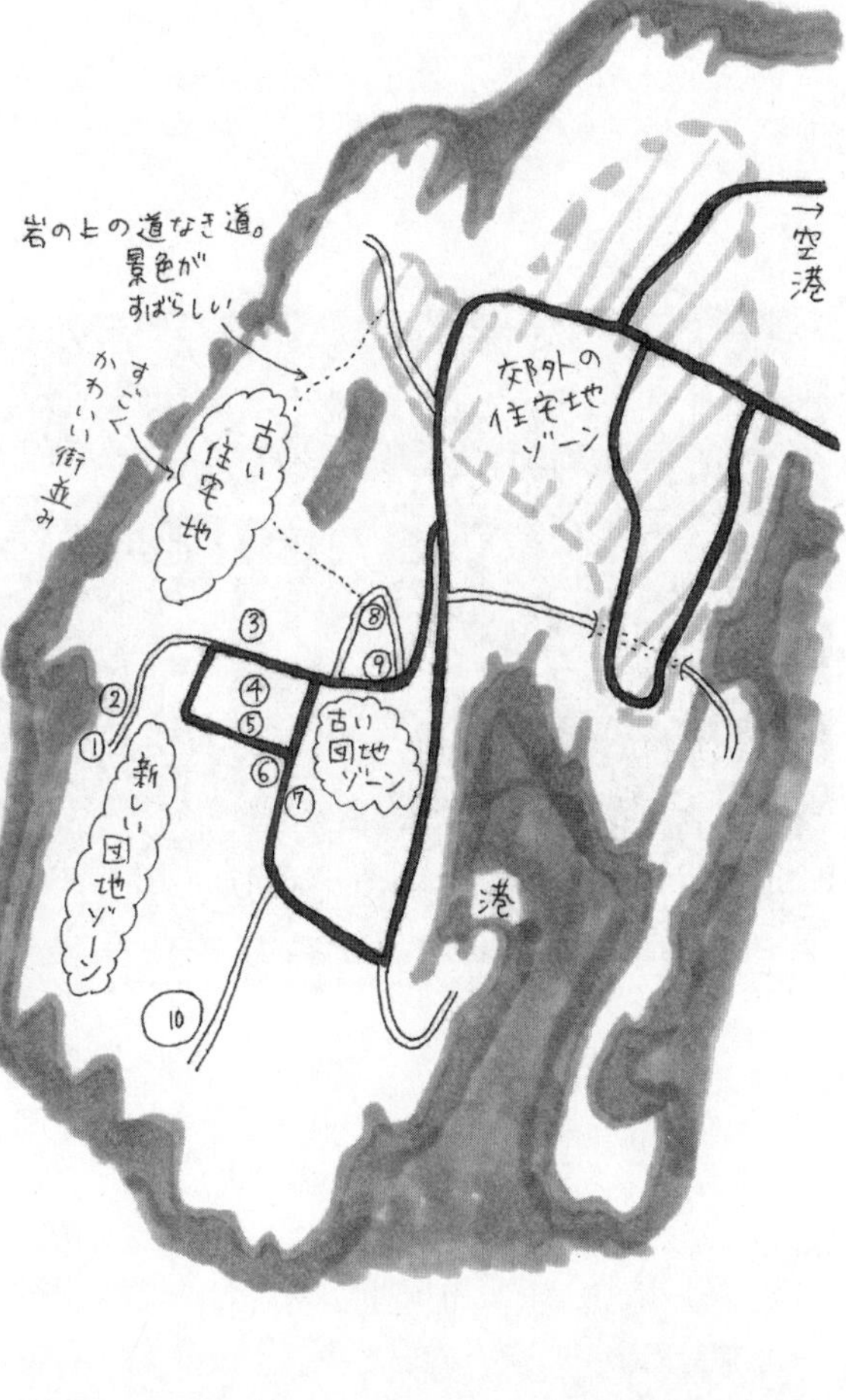
岩の上の道なき道。
景色が
すばらしい
すごく
かわいい街並み
古い
住宅地
郊外の
住宅地
ゾーン
→空港
古い
団地
ゾーン
新しい
団地
ゾーン
港
①
②
③
④
⑤
⑥
⑦
⑧
⑨
⑩

これがサンタポストだ！　鮮やか！

ヨーコさんと、北欧風の三角屋根カラフルハウス

アイスランドは童話みたいな景色

第9章

突発的、最北端生活

（2011年 32歳）

私の逃北は計画的なこともあれば、突発的なこともある。私はどちらかというと後者のほうが「逃北らしい」と思っている。

大人だから無茶なことこそしませんけれど、ネジの押さえがいつ外れるかは分かんない。北は常に好きだから、ここに行きたいなあと具体的に夢想することは何度もあるけれど、漠然と計画していたことなんて二、三日前にまるっきり覆《くつがえ》ってしまう。

二〇一一年の夏も、函館に行きたいと思っていたのです。本当は。

東京の夏の、湿った布団みたいな意地の悪い暑さにうんざりし、とにかく夏のうちに北に行かなければダメだ、もうネジが切れる。函館は北海道でも行ったことのない街だから、いい気分になれるに違いない。と思っていたのです。

ところがだ、もうそろそろ具体的に計画でも立てようと思っていたある日、何気なくテレビで天気予報を見ていたら、函館でも札幌でも30℃を記録！　とか言ってやがるじゃないか。天候の野郎！　大好きな北海道まで夏らしくしやがってアイツめ、許せない。

北海道の30℃は、湿気がないから東京よりはマシ……と思ったところで、いちばんの目的である「暑さから逃げたい」という件については、30℃の場所に行く程度じゃ不満が残る。こうなったら誰もが納得の涼しいところじゃないと気がすみませんよ。最北端だ！　最北端なら天地がひっくり返っても暑さだけはないはずだ！

と、急遽、私は函館をやめて、一週間後に稚内《わっかない》に行くことを決定した。稚内に何があるか、別に知らない。少なくとも、最北端である宗谷岬には行ってみたい。あとは、今の時代私はｉＰｈｏｎｅも持っているし、向こうに行ってから何でも調べて決めりゃいいのです。

そもそも、北が好きだと言っときながら日本の最北端（北方領土は除いて）に行ったことがないのはいかがなものかと思う。稚内と宗谷岬はどうしても行っておくべきなのだ。それに、トンガってるからね。トンガリは逃北にとって重要ポイント。

しかし、稚内、宗谷岬……とても遠い。果ての感じが強い。

それなりに大きな都市で日本最北といえば、私の感覚では旭川かなと思うんですが、旭川まで行っても、稚内まではまだ約二百五十キロもあるらしい。

遠すぎだろうよ。日本の距離感じゃないよ。

三泊四日、何も決めずに稚内へ逃北！

稚内行きはいつもどおり唐突に決めたものだから、日に二本だけある、羽田から稚内へ直行する飛行機はすでに満席でした。どうにか空いてた旭川行きの早朝便を取って、帰りは稚内からの直行便を取って、稚内の同じ宿に三泊取りました。三泊四日のあいだ、何をするかなんて何も決めていません。

はいこの状態でスタートです。北への旅行ではなく「逃北」なのだから、このくらいの突発性がいい。

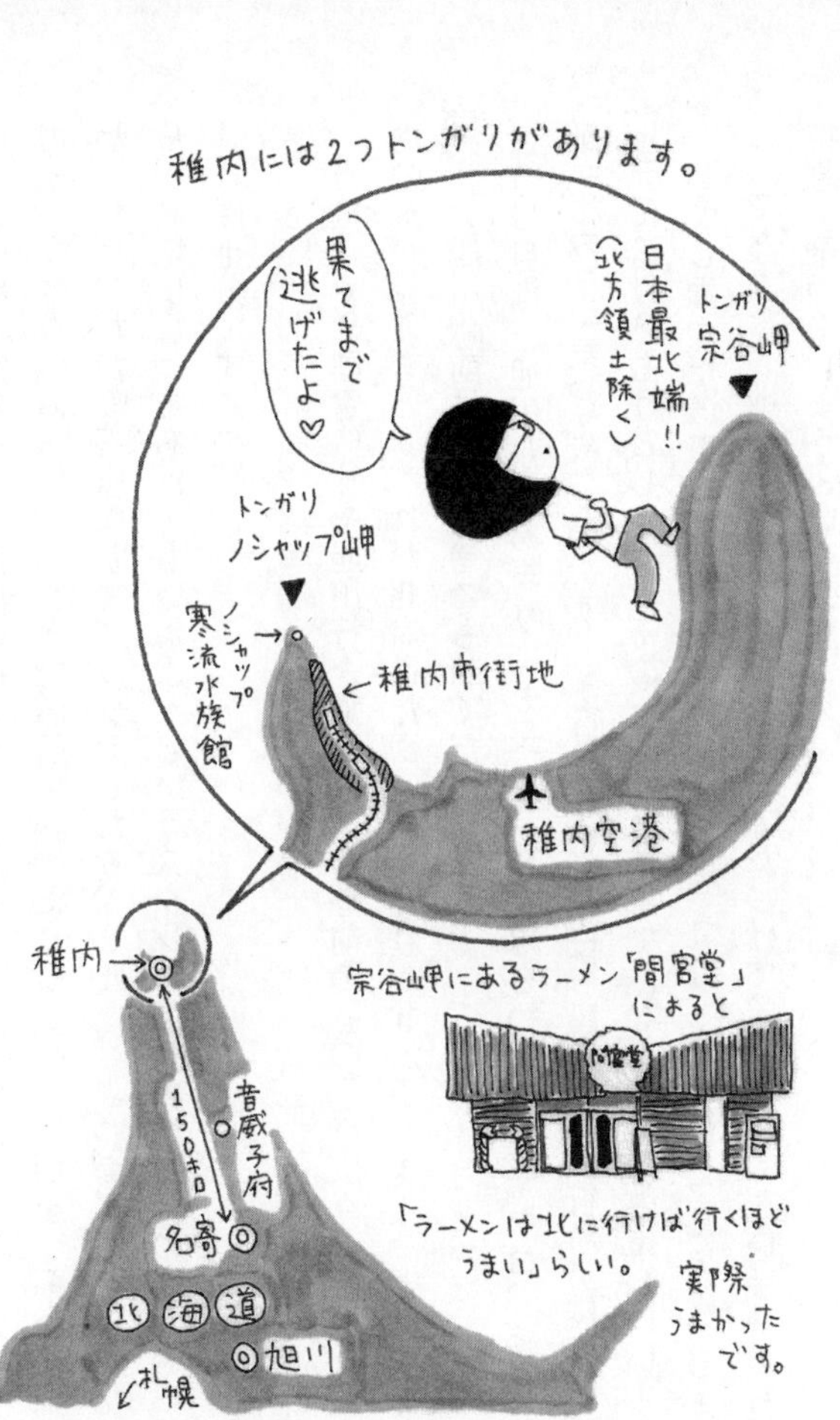
稚内には2つトンガリがあります。
果てまで逃げたよ♡
日本最北端!!
(北方領土除く)
トンガリ
宗谷岬
トンガリ
ノシャップ岬
ノシャップ寒流水族館
稚内市街地
稚内空港
稚内
150キロ
音威子府
名寄
北海道
旭川
札幌
宗谷岬にあるラーメン「間宮堂」によると
間宮堂
「ラーメンは北に行けば行くほどうまい」らしい。
実際うまかったです。

四日の間、宗谷岬のほかは特に有名観光地をめぐることは考えていない。ガイドブックはおろか、ネットで名所を調べたりもしない。街をうろうろ散歩したり、ただ喫茶店などでダラダラしたり、したい。よっぽど気が向いたら観光地に行ってあげてもいいよ、というスタンス。北の地でその期間過ごせれば十分ですもの。

当日。やや興奮気味で旭川行き飛行機。着陸前の窓の下、広々とした丘陵地の畑が見えると、これが北海道だよ、ああこれが北海道だよ！　といつも思う。旭川駅前は八月下旬でも21℃だ。イイネ！

一日目は、旭川からあまりにも長い宗谷本線を約二百五十キロ、延々、延々稚内まで乗っていくのです。「逃げて」いる私は、設定上、旅行者ではない。地元に溶け込もうとします。そのためには特急ではなく、各駅停車がいい！

しかし乗った汽車の客は、ほとんど旅行者（というより鉄道マニアのおじさん）であった。地元感、薄すぎる。途中でくじけて、百キロくらい手前から特急に乗ってしまうという失態……。

なうなう言ってたら地元情報が飛び込んできた

ともかく、森や草原の中をコトコト汽車は進む。電波がとぎれとぎれの車内で、私は窓外の景色を眺めてはときどきツイッターに書きこんで、なうなう言っておりました。

すると、なんと、稚内在住の見知らぬ方が街の情報を教えてくれました。すごいよツイッター！　フォロワーがそこそこ増えててほんとに良かった。このノリに乗っていかない手はない。

私は、稚内の喫茶店については知りたかったのです。行き先の南北にかかわらず、旅行先で喫茶店に入るのが私は大好きです。昔ながらの名店も、若者が始めたおしゃれなお店も、どっちも好きです。喫茶店には確実に地元の人が集まる。それがいい、その会話が。

ツイッターに現れた稚内のKさんから、こんな喫茶店がありますよ、って話を聞いているうちに、どちらからともなく自然と、現地で会いましょうか、という流れになった。なんでしょうこれは！　ネットにはこんな出会いもある。相手は女子ですが。

さあ車窓はどんどん木が少なくなって牧草地になり、私の中での日本最北記録を秒刻みで更新しながら、日が暮れかけ、海の向こうに利尻・礼文《れぶん》島が見え、やっと街並みが見え……午後六時過ぎ、ついにさいはての地、稚内へ！

来た!!　最北だ。ここまで逃げおおせた！

港町だけあって、どこか小樽の雰囲気に似ています。半袖ではちょっとつらいくらい肌寒くて、テンションが上がる。もっとさみしい雰囲気の街かと思いましたが、決してそんなことはなかった。私の「北のさみしさ」の極致は夕張なので、許容範囲は広いのだが。

今日の夕食は、車内ツイッターで打ち合わせ済みです。

初めての街で乗り場に迷いつつもバスをつかい（稚内市民がよく使うバス路線は、当時ほとんど駅前バス停を通らなかった。だって駅に汽車が来るのは一日に数えるほどだからね）、この街で唯一かもしれないオシャレカフェに行くのです。

そして、さっきやりとりしたばかりの、稚内在住Kさんにお会いする。初対面。

第９章　突発的、最北端生活（2011年32歳）

少しぎこちなく挨拶して、カフェにてスープカレーをいただきます。北海道といえばスープカレー、という意識は私には薄いんだけど、「せっかくだから」という言葉の魔法です。

Kさんは偶然にも私と同い年。生まれも育ちも道内だけど、稚内出身ではない。旦那さんの仕事の関係で最近こちらに移ってきただけで、まだあまり街には詳しくないらしい。旦那アリ、お子さんはいない、いまは求職中、というめちゃくちゃ動きやすい状況なのであった。

彼女からは、控えめながらも、明日もあさってもヒマなんですよねえ……、こういうお店もあって、一回行ってみたいと思ってたんですよ～、なんて話が出てきます。

この時点での私の計画は、
二～三日目…宗谷岬に行きたい。ほかは未定。
四日目…昼過ぎの飛行機で帰る以外は未定。
要するにほぼ未定であった。

だったら、ごいっしょした方が楽しいかな? という気分にもなります。私は筋金入りのペーパードライバーで、実に十年前の青森の旅以来、車を運転していないので、もはや運転は不可能。だから自分の旅についてはすべて汽車やバスでやりくりするけれど、実際、こういう場所では車があった方が自由にいろんなところに行けて楽です。地元の方に甘えると、そういう恩恵が受けられますものね。しかし……、

「私、車運転できないんですよ」

Kさん、衝撃の発言。

さすがに地方都市に住んでたら男女年齢関係なく車は運転しているものという先入観があったよ。ましてや、このさいはての地で!

稚内で地元感を満喫し、もうひとつのトンガリへ

こうして車を使えないふたりは二日目に汽車ででかけました。行き先は数駅先の、大草原の中にぽつんとあるレストラン。そこでごはんを食べた

うえに私は一時間以上居眠りし、贅沢なリゾート気分を味わいました。

その晩なんて、お言葉に甘えまくってKさん宅で夕食をいただくほどである。そこで食べたのは地元の「副港市場」で買ったお刺身と、稚内牛乳（ノンホモ牛乳。ヨーグルトのように濃厚）、稚内名物の生ひやむぎ。ガイドブックにあるような名店に行く以上の地元感でした。

三日目の午前中は、レンタサイクルでノシャップ岬（稚内のトンガリのひとつ）に行き、そばにあった脱力系の水族館「ノシャップ寒流水族館」を発見して楽しみ、大満足。近くのみやげもの屋「みなとや」はなぜかサハリンの地図やロシアみやげだらけ。つい地図を買い、ここよりさらに北のサハリンにも思いをはせる私である。

そしてこの日の午後、Kさんの旦那さんの運転で、私とKさんはもうひとつのトンガリである宗谷岬に向かったのだ。

どこまで私はちゃっかりしているのでしょう。

宗谷岬行きのバスは少なくて不便ですよ、私も旦那も明日は時間あるからいっしょにどうですか、というKさんの気さくな誘いに乗って、三人でドラ

ノシャップ寒流水族館。
ちっちゃいです。
灯台かわいい。
すいてたのでドクターフィッシュやり放題だった…
ノシャップ寒流水族館
アザラシのエサを無人で売ってる。
100円払ったら勝手にあげていいらしい。
餌売り100円
生魚が入ってる
いいの？
ヒレで呼ぶ
マジで
オイ こっちにくれ!!
ビタン ビタン
うわー
くれ! くれ! くれ!
もちろん先方は慣れっこなので
めっちゃ寄ってくる。

イブすることになったのである。Kさん夫妻は宗谷岬には何回か行ったことがあるけれど、いつも天気が悪かったという。今日は突き抜けるような青空。稚内は風が強いイメージがあったけど、運よく私がいる間はずっとほとんど無風で、快晴でした。どうも私は晴れ女のようです。

車は一本道を快調に飛ばして、日本の北端にあっさりと着きました。さすがに「日本一」の場所だけあって、観光地要素はとても多い。あんまりそういうのは好きじゃないけれど、それはしょうがない。気温22℃、爽快。

車で丘の上にのぼってみる。日本最北の日差しは意外にも強くて、真っ青な空と、海と、あれ、なにか薄ぼんやりと見える……。

「わっ、サハリンが見える！　初めて見た!!」

Kさんがちょっと興奮気味です。

天気がよいので、対岸のサハリン島がうっすら見えた。日本ではない場所、最北のもっと北！

この日の晩、駅前の喫茶店に入ると、お客さんは私ひとりでした。ついマ

宗谷岬から少し丘陵を上がると
ものすごく神々しくどこかSFチックな光景が!!

スターと話したのは、サハリンの話。

私がサハリンに行ってみたいと言うと、マスターは、たぶん三年くらいでビザはいらなくなるんじゃないかと言う。お互いに交流したがってて、稚内市の職員がふたりサハリンに派遣されてるらしい。すぐそばの稚内空港は、サハリンまで距離が近すぎて、ロシア側の国境警備の問題があって航空便が運航できないらしい。だから、稚内から行くならフェリーで五時間半。

最北に来ると、さらに北へのいざないがあらゆるところにあるのだ。おみやげ屋、地元の人の話、そして肉眼で確認できた陸地。こんなに北に来たのに満足できてない。次はサハリンに行きたい。果てへの希望が果てないよ！


ところで、稚内にいた三日間、大草原のレストランや二か所のトンガリに行った以外で私が何をしていたかと言ったら、商店街を自転車でぶらぶらし、喫茶店に何軒か入り、図書館に入り、港の近くにある新しい温泉に入る……という、いつもやってるようなバーチャル地元生活なのです。

商店街にはロシア語表記があるのが特徴的です。街は自転車で回れるちょうどよい規模。駅前の「食品館あいざわ」は地元の香りがところどころに現れていて、落ちつく。バスの便がけっこうあるので、車がなくても意外とどこでも行きやすい。図書館は新しくて十分に機能的。

こんな形で北の生活をバーチャル体験し、「あー、ここ、暮らせるなぁ」って思うのが、いつもの逃北のパターンです。

「逃北人」には永遠にたどり着けない世界

だから、マスターと稚内の街の話になったときに、私がこの街に持った好印象を伝えるのは実に難しい。

商店街の規模、適度な「何もない」感じ、さいはてらしさ、少しさびれていることも含めて落ちついた感じ、でも十分に暮らしやすそうな感じ……こういうことは、少し話の振り加減を間違えれば、まるで欠点を指摘しているような感じになってしまう。

実際、私のヘタな話ではあまり街を褒めたような感じにならず、マスターは微妙な顔をしてらっしゃった。

私がいつも感じるのは、北の人たちの、自分の街に対する愛憎半ばする気持ちである。こんなところ雪ばっかりで寒くてなんもよくない、とけなし、来てくれた人に対しては「よくもまあこんなところまで」というスタンスで歓待する。それでいて、北国の風土や精神性にはひそかに誇りがあるのです。南（特に沖縄）の人が、手放しで故郷を絶賛するのとは対照的です。

話のついでに、私が北海道のほかのいろんな街の印象の話をすると、マスターは「僕がここなら住んでもいいなって思ったのは、余市かな」とおっしゃる。ウイスキーが有名な、小樽のそばにある港町です。稚内で育ったマスターは、潮のかおりのしないところは無理だという。そう、こういう、身体に染みついたものがあるのはとてもうらやましい。「逃北人」には永遠にたどり着けない世界です。

東京に帰る日の朝、私は寝床で、南になんか帰りたくないと悶々としておりました。

前日にマスターと話しながら、仕事のメールを一本だけ送らなきゃって言って私がiPhoneをいじったとき、「東京の人は忙しいなあ」と言われた。そのとき私は「東京の人」なんてつまんなくてほんとに嫌だって思ったのだ。ああ、船の汽笛の音が聞こえる。ここはほんとにステキな街です。冬は知らないけど……。少なくとも、夏の逃北には最適ですよ。

そして私は、北にいるという油断から日焼け対策を完全に怠っていた。毎日外に出ていたので、ちょっと日焼けして東京に帰りました。

最北端に行ったのに、日焼けして帰京。少々不本意でございます。

宗谷丘陵の風力発電所、非現実的な景色

第10章

帰北、北のお墓参り

（2008年 29歳）

二〇〇八年のことである。

私は友達Wさんと二人で、山形にロックフェスを見に行きました。廃業した映画館で行われた、ちょっと変わったフェス。

フェスを楽しんだあとは山形に一泊して、翌朝は山寺にえっさえっさ上って寺院群を参拝。そこから汽車で山を越え、仙台を通って、宮城県南の白石にあるひなびた温泉へ行き、味のある旅館に泊まりました。秋にのんびり、ちょっと穴場の温泉旅行。

しかし、私にとっての本編はこのあとでした。ここから先は、友達をつきあわせつつも完全に私のわがままによる旅。

亡くなった祖母は、宮城県生まれだった

この前年、私の祖母が亡くなりました。

私は大学に入るまで、祖母と一緒に住んでいました。私にとっての祖母は、単に「優しいおばあちゃん」でした。しかし、どうも親戚のなかではちょっと厄介な人だと思われていたようです。

愛想のない偏屈モノで、お金があるわけでもないのに着るものにはこだわる困った人。気が強く、祖父（私が幼稚園のころに亡くなっています）とはケンカばかりだったらしい。いま思えば、このひねくれたところに私はどこか共鳴していたのかもしれません。家族の中で祖母といちばん親しいのは私でした。

偏屈モノの祖母はあまり自分の生い立ちを話すことがなく、祖母の子である母すら祖母がどう育ってきたかあまり聞いたことがなかったらしい。北海道の内陸で育ち、祖母の父（私の曾祖父）の仕事の関係で道内を転々として

いたという幼少時代については私にも時々話していましたが、そのころから結婚するまでの過程ははっきりしない。葬式にあたって、葬儀屋さんから故人のプロフィールを教えてほしいと言われたときに、家族の誰もはっきりしたことが分からないのでした。祖母方の親戚に聞いても、祖母がどこで育ってきたのか、どんな仕事をしてきたか、話がどうも錯綜している。看護婦をしていたとか、デパートに勤めていたとか、家族の誰も聞いたことのない話がポンポン出てくる。

あらためて役所で書類を確かめてきたときに分かった、家族全員にとっての驚愕の真実は、祖母が宮城県生まれだったということです。北海道に移り住むより前の、祖母の筋の実家が宮城県らしいということは知っていましたが、いま宮城県につきあいのある親戚は一軒もない。祖母よりも前の代で、ほぼつきあいは途絶えたものと思っていた。

今で言う里帰り出産だとか、なんらかの事情で祖母はそこで生まれたのでしょう。出生届の提出地は、宮城県伊具《いぐ》郡舘矢間《たてやま》村。書類には細かな番地まで書いてあったので、インターネットの便利さを生かして私は場所を調べてみました。細かな住所・番地はどうやら変わっていなさそうでした。

こうなると、まるで縁のなかった宮城県南の小さな村が急に気になってくる。私はこの、山形から宮城を回る旅の途中で、なんとなくこの祖母の生誕地に行ってみたくなったんです。

私に縁のある地をめぐるのも「逃北」の一要素です。「逃北」を意識する以前から、私は祖母の育った地である陸別を訪ねている。

両親の出をさらにさかのぼると、母方の祖母の筋が宮城県南、父方も会津、あるいは北陸（詳細は不明）のほうからそれぞれ何らかの事情で北海道に逃げてきた一族らしい。――あえて「逃げる」という表現を使ったけれど、父が先祖のことを語るときには実際に「北海道に逃げてきた」という言い方をしていた。これはとても印象深かった。まさに先祖は「逃北」していたのだ。

祖母の生まれた地は、現在の角田市《かくだ》にあたります。白石の山のほうにある鎌先温泉から、私たちはまずタクシーで角田まで出ました。このへんのタクシーのおっちゃんは、みんな饒舌に観光案内をしてくれてとても親切です。角田まで運んでくれたおっちゃんは、角田や丸森の名所を語ることに夢中になって、目的地を通りすぎそうになりました。

さて、直接タクシーで生家のあたりに乗りつけるのはもったいない。街やまわりの様子を眺めながら、ゆっくり目的地にたどり着きたい。

というわけで、私とWさんはまずタクシーを角田駅で降りて、駅からレンタサイクルで私の祖母の生家に向かいました。Wさんにはまったく関係のない話ですが、田舎のサイクリングにはちょうどいい季節だったので、彼女は気持ちよくつきあってくれました。

さて、生家に向かったところで、私は何をするのか。

何をするでもない。その地にきっと遠い親族はいるのでしょうが、いままったく交流はないし、特に交流するつもりもありません。なんとなく、どんなところなのか見たくて、ほんとうにそれだけで。なんの計画もない。なんとなくそこに「帰る」だけ。

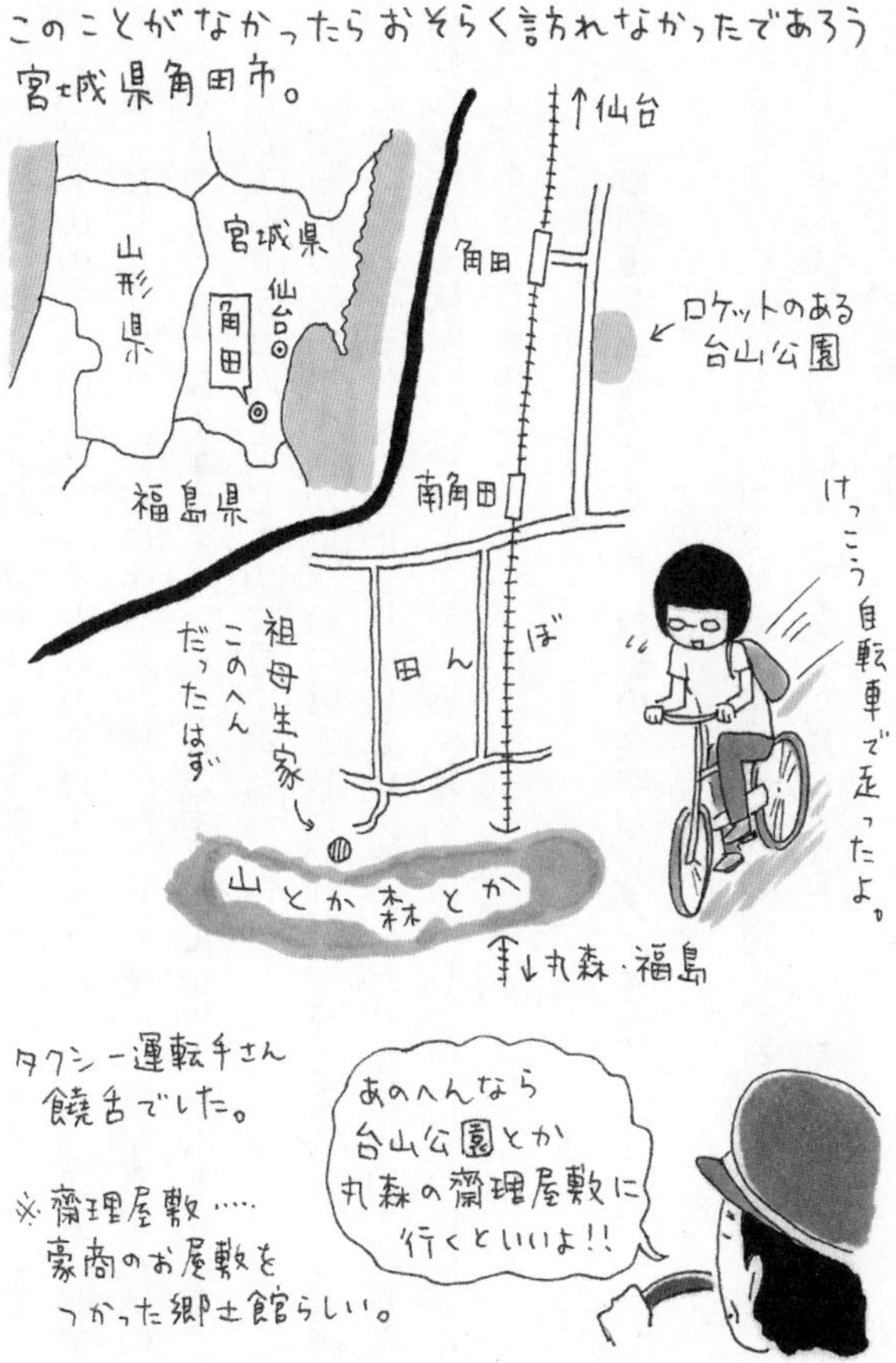
このことがなかったらおそらく訪れなかったであろう
宮城県角田市。
↑仙台
宮城県
山形県
仙台
角田
福島県
角田
ロケットのある
台山公園
南角田
祖母生家
このへんだったはず
田んぼ
山とか森とか
↓丸森・福島
けっこう自転車で走ったよ。
タクシー運転手さん
饒舌でした。
あのへんなら
台山公園とか
丸森の齋理屋敷に
行くといいよ!!
※齋理屋敷……
豪商のお屋敷を
つかった郷土館らしい。

角田駅から、街の端を抜け、南角田という無人駅でひとやすみ。そこから古い街道を山の方へ向かい、うっかりガタガタのあぜみちに入って苦労して走り抜けたりしながら、祖母の生まれた集落へと続く道へ。広がる田んぼの中に、ぽつんと大きな木が生えている。この木は祖母が生まれたときにもあったかもしれません。同じものを見ていたらいい。

そこからさらに山側へ向かい、藪《やぶ》に囲まれた砂利道が見えてきた。この道を進んでいくとまもなく行き止まりになるが、そのあたりが祖母の生家だと思われる。角田駅から、自転車で二、三十分くらいでしょうか。ついに、このカーブの先が目的地だ。

砂利道を進んで行くと、祖母の名字が見えてきた

行き止まりになると分かっているくねくねの砂利道を、自転車を力強くこぎながら進んでいく。藪の陰に、看板が見えてきた。◯◯産業。おばあちゃんの名字でした。

家が一軒。

ちょうど看板のあたりにおじいちゃんがひとりいて、ちょっと不審そうに私たちを見ている。

私たちは自転車を降り、ゆっくり近づき、話しかけた。

「こんにちは……ここって、この先は行き止まりですか?」

行き止まりなのは知ってる。でも、聞いてみる。

「んだねえ、行げねぇな」

「あの……」

なんか、切り出しにくい。何を聞けばいいのか。少し沈黙が生まれる。

「……私の祖母が……えーと、ここで生まれたみたいなんです」

「はーあ」

「それで、まあ、なんか、ちょっと来てみたくて……あの、○○さんなんですよね」

「ええ」

「ああ……わあ……」

どうも言葉にならない。

「こっちの山の上のほうに家あっだみてぇだけども、おらがここ来だときはもうながったからね」

「あ、じゃあそこ、かも……」

「うちはね、三十八番地ね」

「あ、生まれたのは、二十五番地みたいです」

「はあ、二十五番てのはわがんねけども、まあこの上の家は、あっちにいちおう入り口あっだみでぇだけども。おらが来だときにはもう家はながったね」

「ああ、ありがとうございました」

それだけです。たったそれだけのやりとりのために往復十キロ強、自転車に乗ってきてよかった。

おじいちゃんが指さした「山の上のほう」へとあがる道を探してみたけれども、もともとそちらへの入り口だと思われる部分は完全に藪で覆われてしまって、道としての機能も失っている。その奥に何があるのか、木立に阻ま

集落の入口にあった
1本の大木。
樹齢いくつかな…
さぞ私らは不審に
見えたことでしょう…
ありがとうございました。
○○雇
オラもここで育ったわけでねえから
細かいことわかんねけども
おムコさんなのかな…
友達W
わあ…
なんかウチの血筋の
カオに見えました…

れて何も見えない。藪をかき分けて行ったところで、おそらく家があった形跡を探すのは困難でしょう。

八十八年前、祖母はここに確かにいた。そこから家族とともに北海道に渡り、道内各地を転々とし、戦争とともに横須賀に行ってちょっとハイカラさんになり、また北の田舎に戻り、子をもうけ、孫ができて、家族とともに再び関東に移り、亡くなるまでの八十六年半の人生のいちばん最初。

藪に向かって、なんとなく手を合わせてしまった。

ふわっとしたきもちで田舎道を戻り、角田駅に自転車を返しました。静かな満足感に包まれていました。

しかし、私はその次にも行きたいところがあったのだ。

このときいっしょに旅していたWさんはもともと仙台の出身なので、このあたりにも友達がたくさんいる。この日の夕方からは友達が車を出せるというので、お言葉に甘えて乗せてもらうことにしました。角田まで迎えに来てくれたWさんの友達の車で向かったのは、大河原。

この奥にたぶん生家があった
（実際の写真です。←）
なんとなく手を合わせる

だいすきな詩人は大河原のお寺で眠っていた

大河原駅そばのお寺に、私がだいすきなだいすきな詩人が眠っている。

曾祖父・祖父は地元の大実業家、父は気弱で祖父のいいなり、そしてその子はどうしようもないダメ男でアルコール依存症で浮気性で祖父の財産をほとんど食いつぶしたろくでなしの詩人。尾形亀之助という人です。

私は大学の授業でこの詩人を知り、そのひたすらな空虚さ、日の光がやんわりと差し込むだだっぴろい座敷のようながらんどうさに心奪われていた。

そのお寺「繁昌院」は、大河原の街なか、白石川のほとりにありました。おどおどと本堂に入って声をかけると、まだ四十代くらいで、妙にノリのいい毒舌のおっちゃんが登場しました。ご住職です。

「なに？　わざわざお墓たずねに来たの？　え、お線香は？　はぁ〜っ持ってないの⁉　お墓に来たのに！」

私は、なんとなく行ってみようとは思っていたけど本当になんの準備もしていなかったので、確かにお線香すら用意していなかった。

「で、どこから？　ええっ東京から！　ヘンだね、ほんとにヘンだねあなた！」

私が尾形亀之助の墓所を尋ねると、尾形家の墓は知っているけど、詩について詳しくは知らないという。

「案内はするけども……え、なに、詩集もあるの？　いま持ってる？」

線香は持っていなかったくせに、詩集はバッグに忍ばせていた私。ご住職に渡してみる。

「はあ～っ、こんなのあるんだー。いやー、ほんとぉ。へえー。これ、ふつうに売ってるの？　ちょっとコピーさせてもらっていい？」

尾形家は、ここ大河原では実業家の曾祖父や祖父のほうが有名なのかもしれない。駅から街へ渡る橋に「尾形橋」と名前がついているくらいだからね。

奥まったところにあるお墓はけっこう大きかった

「コピーさせてもらったお礼」と言いながら、住職さんはお線香をくれました。

「そらちゃん！　ほれ案内してやって」

そらちゃんは、お寺のわんこです。住職さん、かなり溺愛してる様子。ちょっと奥まったところにある尾形家の墓は、けっこう大きかった。「尾形家」と彫ってある筆跡は亀之助の筆跡だろうか（……のちのち調べたところ、高浜虚子の筆らしい）。

すてきな詩を残してくれてありがとうございます。伝記を読んでダメな男だということはつくづく分かったけれど、そのことも愛らしい。私はあなたの文を心に敷きながらいつも文を書いています。手を合わせました。

繁昌院はかなり歴史のあるお寺で、ご住職は中の仏像も拝ませてくれました。夕食時にかかるような時間になんの連絡もせず行ったにもかかわらず、

本堂の奥のほうにひっそりありました。
大きなお墓。
尾形家之墓
つきあわされる友達
そらちゃん
ハッハッ
ここでもやっぱり手を合わせる

第10章　帰北、北のお墓参り（2008年29歳）

ずいぶん丁寧に応対してくれ、軽快なトークも聞かせてくれて、本当にありがたい。
「また来てよ。お茶でもしようよ」と、まるで寺らしくないあいさつで別れました。

この「逃北」で、私はルーツにかかわる旅にすっかりはまってしまいました。これは「逃北」でもあるけれど、「帰北」というほうが正しいかもしれない。本来の出である北に帰るということを自覚すると、ふわっと心が満たされる。自分の誕生日に父母の生家を探しに行ったのは、この半年後くらいです。

北の山には曇り空が似合う

第10章　帰北、北のお墓参り（2008年29歳）

祖母も見たかもしれない大きな木

第11章

逃北から敗北へ

（2012年 33歳）

二〇一二年の夏、私はいままでで最大の「逃北」をしようと思っておりました。

それは、日本の最北端・稚内に一か月滞在すること。

長期で泊まれる宿を見つけちまえばこっちのものだ。調べてみれば、願ったりかなったりの「一か月滞在プラン」があるホテルが発見できた。こりゃいける。

朝きちんと起きて、街をぶらつきながら喫茶店に入って本読んで、早くに街が暗くなるからそれからホテルでじっくり仕事して、週に一回くらい近くの利尻島やら礼文島やらにちょこっと遊びに出て、ノシャップ寒流水族館には毎日のように行って、たまには温泉に入りに行って……。なんてステキなんでしょう！

幸いほとんどの仕事はメールでどうにかなる。ある程度の仕事道具を詰めたトランク一つだけで浪漫逃避行へ……。

本格的逃北計画はナシになり、稚内へ

残念ながらというか幸運にもというか、ラジオのレギュラー放送という東京から離れられない仕事ができてしまったために、この本格的逃北計画はナシになってしまいました。

でも、短期滞在だけど、その年も稚内には行ったのだ。

この時の稚内旅行では、稚内から日帰りで利尻島に行き、バスで島内をほぼ一周して沓形《くつがた》という港町を歩きました。夏の休日だというのに街にはほとんど人の姿がなく、北らしいさみしさは予想を上回っていました。

前年に知り合った稚内在住のKさんの話によると、利尻には漁業などでわりと裕福な家が多いとのこと。噂にすぎないけれどと、彼女はこんな話を聞

かせてくれました。

——利尻から一度上京した男性が、東京で美容系の職を持つ女性と知り合って結婚したものの、家業の関係などで島に帰ることになったらしい。妻もついていくという。しかし、彼女は自分の技術を眠らせておきたくないし、経済的には余裕があるとはいえまだまだ仕事がしたい。そこで、自宅がプライベートサロンになるよう、夫婦は家を少しだけ造り替えた。島唯一のサロンは口コミで広まり、いまや島外の人にまで知られているらしい。

これを聞いて、私の心は無性に沸き立ちました。

逃北は私にとって自発的な行為だけれど、最も望ましいのは、こういうふうにほぼ不可抗力で北に行くということなのかもしれない。思いもよらない地に住むことになる、この感じ。そして、それが寂しい北であるということ。その地で決して派手ではなく細々と、しかしプライドを持って生活をするということ。


何度も書いたように、私は北の人間だと自覚しています。北海道の文化で

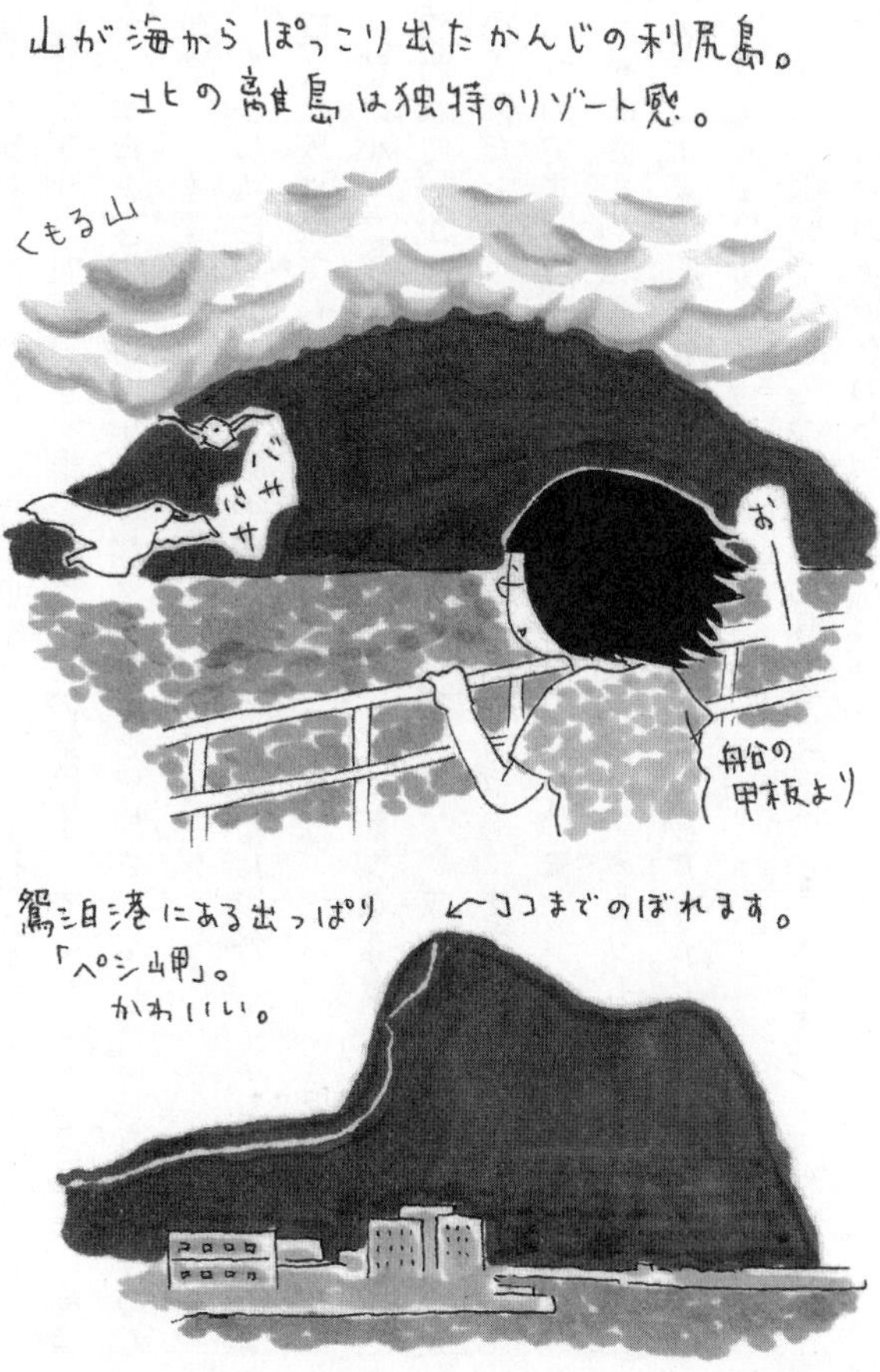
山が海からぽっこり出たかんじの利尻島。
北の離島は独特のリゾート感。
くもる山
バサバサ
おー
船の甲板より
鴛泊港にある出っぱり
「ペシ岬」。
かわいい。
←ココまでのぼれます。

育った両親に教育された、東北四分の三、北陸四分の一の血を引く人間で、純然たる北の血統です。根っからの北の気性――すなわち、ちょっと内向きで、本音を言わず耐えがちで、プライドと卑屈さがないまぜになったような性質――も染みついていると信じています。

しかし私自身は、ごく数年間北海道で暮らした以外、上京した両親が家を建てた茨城県で育っている。

私は小学二年くらいの時、母に「なんだか茨城なまりになってきたね」と言われて、かなりショックをうけたのを覚えています。当時から私は北海道の人間だという自覚が強く、関東では自分はあくまでもよそものだと思っていたのです。容易に染まるまいと思っていたのに。

その後も、北海道への進学を選択肢に入れてみたり、茨城の実家に帰ったときには意識的に北海道なまりでしゃべってみたりと、私は滑稽なほどに北を意識している。

私は、両親が胸を張って小樽出身と言えるのがうらやましい。私は故郷があまりに中途半端なのだ。

素直に、育った茨城を故郷だと言えればよかったんでしょう。しかし、私は周りの人間関係で故郷が作られるという考えが持てない。自由意志と関係なくいつも自分の根底にある、気質や風土が強く結びつけられた場所、そういう場所が故郷だと思っている。だから私は、その土地に必然的と思える縁があって生まれる人や、何代も同じ土地で暮らす人が持つ故郷というものへの羨望がある。

私は進学とともに東京に出てきましたが、育った街は茨城とはいえ東京のベッドタウンで、子供の頃から東京に行くことは何度もあったので、格別に「上京した」という感慨はありませんでした。遠い田舎の人が憧れるほど東京に対する幻想もなく、たまたま大学が東京にあったから出てきたというだけでした。

東京は、何か一花咲かせるべくして全国から人が集まる場所だと思います。その点では、私は東京に馴染めていない。ふだんは無意識に過ごしているけれど、ふと違和感を自覚するときがある。毎日さまざまなところで催しが開かれ、映画が観られ、あらゆる料理が食べられ、利便性と刺激があふれる東京が当然の生活の舞台になっていることがふと薄ら寒くなり、こうして刺激中毒となった先に何があるんだろうか、ここにいていいんだろうか、と恐ろしくなる夜がある。運よくここで仕事を得て生活はできているけれど、なんとなく上京してなんとなく生きている私がこんな忙しい場所に居つづけて、そして稚内の喫茶店マスターに「東京の人」なんて呼ばれるようになっちゃって、これでいいのか、と空しくなる夜がある。

憧れて東京に来て、余計なことを考えず都会の楽しさをむさぼれる人こそがこの街に生きられる人たちであり、少しでも「馴染めているかどうか」なんてことを考える自分は東京に呑まれて負けている、と思ってしまう。負けているのなら逃げたくなってしまう。

逃げる先は、本来だったら故郷です。しかし私は故郷がどこなのか分からない。

極端に言えば、私は北の田舎に生まれ、都会に憧れることからスタートしたかった。北の故郷で、街を愛し、かつ憎みながら暮らし、東京に憧れる。

夢を追って東京に出てきてからは、どうにかこの地で自分の居場所を見つけようと努力し、夢破れてしまった場合は故郷に帰る。そういったプロセスにあこがれているのです。しかし、今さら、現実的にそんなことはできない。

だから、私はむりやりにでも逃げるべき故郷を作りたいのです。やるせなさや空虚感に満たされて逃げ帰ったときに、なぜか落ちつく心の故郷。それが私にとっての北です。私は北へ「旅立つ」のではなく「逃げる」のであり、あるいは「帰る」のであり、それは希望にあふれた気持ちではない。何らかの理由で現在の地にいられないから逃げるのです。勝敗でいうなら敗。逃北は敗北にもつながっている。

とはいえ、「逃北」や「敗北」は、私にとって必ずしも後退ではありません。むりやりすべてをゼロに戻すことであり、原点に帰るということです。北らしい空虚で荒涼とした風景も、何もない原点だと思えるからこそ、とても親しみが湧きます。

もちろん、北へ逃げたからといって、日々の満たされない気持ちが解け、そこを「故郷」として充実した暮らしが送れる保証はありません。ずっとこうして、逃北という名の「故郷探し」をしているからこそ、北を理想化し、いまの自分の立ち位置を中途半端なままで保っていられるのかもしれません。

仮に、逃北が自発的な行動ではなく「やむをえず」であったなら、話はまた別です。

もし（利尻島の人のように）何らかの事情で半強制的に北に住まざるをえなくなったなら、私は喜んでその「やむをえず」を受け入れ、完全にいまの中途半端な思いから訣別して、しっかりと敗走する気持ちで東京を離れるでしょう。私は「やむをえず」という断罪を待っている。

きっと、完全に北に移住してしまうまで、私の「逃北」は決着しないのでしょう。満たされない気持ちを抱えては時々「逃北」して息抜きをする、という生活をいつまで私は続けるんだろうか。北に定住し、しっかり敗北の思いをかみしめてこそ、その先の暮らしが開ける気もします。

……ただ、それまでは、急場の「逃北」はまだまだやりたい。

私はグリーンランドの街が実は緯度的にさほど北ではないと知り、帰国後に調べたところ、定住する人がいる最北端という点ではノルウェー領スバールバル諸島がいちばん緯度が高いらしいことが分かりました。島でいちばん大きな街「ロングイェールビーン」は、元炭鉱町。ノルウェー領でもちろんノルウェー人が多いけれど、なぜかタイ人もやたら住んでいるという謎の街。北への移住を考えるのは、そこに一旦逃げてみてからでもいいかな〜。

ちなみにスバールバル諸島はココ。

ペシ岬から見た利尻の街。風強し

文庫版特別対談

能町みね子
×
千葉雄大

チームひとり旅
結成！

千葉雄大

1989年3月9日生まれ。宮城県出身。モデルを経て、2010年に『天装戦隊ゴセイジャー』で俳優デビュー。映画『Mr. マックスマン』『殿、利息でござる!』、ドラマ『きょうは会社休みます。』『家売るオンナ』ほか出演作多数。癒し系「ヌクメン」としても話題。

撮影◎柏田テツヲ　スタイリング◎澤田美幸　ヘアメイク◎平山直樹

衣装協力：EN ROUTE, DIGAWEL

能町　私と千葉くんって、意外な組み合わせと思う読者さんもいるだろうから、ちょっと説明すると、前にラジオのゲストに来てもらったことがあって、その時が初対面だったよね。

千葉　そうです、そうです。僕が『久保（ミツロウ）・能町（みね子）のオールナイトニッポン』を聴いてるってブログに書いたら、そのことを番組に投稿してくださったリスナーさんがいたんです。

能町　そうだ、千葉くんのブログね。千葉くんが聴いてるらしいとラジオでも盛り上がってゲストに来てもらったら、実は投稿もしてくれていたことが判明して。しかも、それを全く知らずに、普通に採用していたんですよね。

千葉　ラジオネームを変えて二通送ったら、両方とも採用されました。

能町　今でも忘れないよ、ラジオネーム「手汗はハンパない」。

千葉　あと、「家中ゴミ袋」ね。

能町　ネタも家が汚いというネタだったんですよね。その時、この人はイケメンジャンルに入っているけど、こっち側の人かもしれないと確信しました

よ。

千葉　こっち側って（笑）。

能町　ラジオはよく聴いていたんですか？

千葉　うん。でも、誰かの『オールナイトニッポン』を毎週聴いていたというより、僕、地元が宮城なので、地元のラジオDJの番組をよく聴いてました。Date fmっていう局なんだけど。

能町　あっ、それは知らないや。

千葉　だから僕、『オールナイトニッポン』は久保さんと能町さんの番組しか聴いていないです。

能町　そうなんだ。それから、またラジオに出てもらってたり、『久保みねヒャダこじらせナイト』（フジテレビ系）にもゲストで来て、誰よりもかわいい妖怪のイラスト描いてくれて。そして、いつの間にかヒャダインさんとつき合っていたという……（笑）。

千葉　今、ずいぶん飛躍があったんですけれども（笑）。

能町　いつの間にか一番仲良くなっていたんですよね。

千葉　そうですね、僕のやっている番組に出ていただいたりしているうちに、二人でディズニーランドに行くくらいの仲にはなりました（笑）。

鞄の中からおもむろに『逃北』が……

能町　今回、千葉くんに対談をお願いすることになったのは、あるテレビ番組で千葉くんがカバンの中身を公開した時があって、その時、カバンから『逃北』の単行本が出てきたという話を聞いたからなんです。

千葉　本当です。僕、その時、能町さんの作品を追っていて、まず『お家賃ですけど』（文春文庫）を読んで、その流れで『逃北』を読んでました。

能町　誰かから教えてもらってその映像を見たら、番組企画の不意打ちな感じでカバンの中を公開していて、たまたま見切れた感じで『逃北』が映っていたんですよ。ああ、これ本当に読んでくれてる、っていうリアリティがすごくあったんです。うれしかったし、エッセイ色の強いこの本を読んでくれたのも、とてもありがたいなと思いました。

千葉　いえいえ、こちらこそ。

能町　しかも、千葉くんも北出身だしね。私は北出身には無条件で仲間意識を持ってしまうんだけど、千葉くんは北出身な上に、私と同じ三月生まれという。

千葉　そんな共通点が！

能町　千葉くんは地元の宮城県は好きなんですよね？　地元愛を感じるなって、チョイチョイ思うんだけど。

千葉　地元に対して何かしているわけじゃないけど、好きです。

能町　けっこう帰ったりする？

千葉　はい。今年は、宮城で仕事する機会がすごく多くて、その時に実家に帰ったりとか、わりとしていますね。

能町　『逃北』は、「いつでも北に逃げたい。私は。」という一文から始まるんですけど、北出身の人はなかなか共感しにくい気持ちみたいで。千葉くんは「北に逃げる」ってどういう風に感じた？　北方面を旅したりする？

千葉　うーん。ちっちゃい時は、それこそ家族で青森だったり、山形、岩手を旅行したり、盛岡に冷麺食べに行ったりとかしていたので、北は出かける場所としてわりと馴染みがあるんです。

能町　南国リゾートには行かないですか。

千葉　南国、好きですよ。去年、休暇でバリ島に行って、お仕事でもタイとシンガポールとフランスに行ったから、今まで行った海外は南国が多いかもしれない。僕にとって北は、そもそもすごく近くにあるという感じだから特に思い入れはなくて。だけど、南は「逃げる」というより、どっちかというと開放的なイメージです。（両手を上げて伸びながら）う〜ん、ってリラックスしに行くところって感じ。

能町　なるほどね。

千葉　北に行く時って、なんというか、プラスになりたいというより、シンシンとした感じで、パーッとした開放感がないというか（笑）。でも、パーッとしたくない時ってありますよね。

能町　千葉くんは、親戚筋とかも東北の人が多い？

千葉　父方が宮城で、母方は栃木なので、そのどっちかですね。

能町　ああ、そうなんだ。北の人っぽいって言われない？　色白なところが。

千葉　東京っぽいってよく言われますね。

能町　そっか。私は北出身って本当によく言われる。あと、私は落ち込むと北に逃げたくなるけど、千葉くんは落ち込んだ時は何かしますか？　落ち込みやすいほう？

千葉　うん、けっこう落ち込みやすいです。でも、わりとすぐ解決するというか。おいしいもの食べて、お酒飲んで、カラオケ行ったら、もう全然。だから、旅行する時は落ち込んでる時というより、前向きな時が多いです。

能町　普通、そうだよね。旅行自体は好きなんだ。

千葉　好きです。でも僕、ひとり旅はあんまり経験なくて、友だちとの旅行だと、僕が計画を立てます。とりあえずザッと目星だけつけて、だいたいの予定を立てて、あとは行き当たりばったり。ここ面白そう、って予定を変えるのも全然ありですね。

　能町さんとは、番組でお会いしてお話ししてましたけど、こうして一対一でお話しできてとてもうれしいです。せっかくの機会だから、今日は『逃北』の感想をメモってきました。言ってもいいですか？

能町　ありがたい……。自分の本の感想を眼の前で聞くのは、なかなか恥ずかしいけど、お願いします。

千葉雄大の気になりポイント①（24ページ、216ページ）

千葉　陸別で育ったという能町さんのおばあちゃんが、実は宮城県生まれだったと判明したあたりの「縁《ゆかり》」の話が好きです。ＮＨＫの『ファミリーヒストリー』でやってほしい（笑）。

能町　（笑）。そう、おばあちゃんのルーツを探して、陸別と宮城の角田の山のほうに行ったんですよね。千葉くんのお父さんはずっと宮城なの？

千葉　父はずっと宮城ですけど、時代的に祖母が満州にも行っていて、その先のルーツはわからなくて。祖父は、僕がちっちゃい時に亡くなってしまっているし。あと、僕、生まれた病院は栃木なんですよ。

能町　ああ、里帰り出産なんだ。

千葉　だから、縁というかルーツを探しに行く感覚、よくわかるなと思って。

能町　これを書いた頃、ルーツを遡るのが好きで、戸籍を辿ると母方はだいたい宮城なんだけど、おばあちゃんが宮城で生まれたのも知らなかったし、角田にもこの時に初めて行った。もうちょっと知りたくなって、角田で適当に大きなお寺に入って、お墓を回ってみると、やっぱり私と同じ苗字のお墓が多かったりして。多分、遠い親戚だったりするんだろうなと思ったり。なんか、そういうのがたまらなかったですね。

父方は福島の喜多方で、まだ喜多方には行ってないんです。あっちも行ったら、またいろいろわかると思うんだけど。自主的なファミリーヒストリー、やりたいですね。

千葉　出身が違うと、ルーツが増えていくというか。

能町　そう。広がっていくんだよね。

千葉雄大の気になりポイント②（47ページイラスト）

千葉　「変なテンションだった私は写真を撮ってもらいました…」って書かれていますが、旅先で知らない人に「写真撮ってください」って、普段から言うんですか？

能町　基本的には言えないです。特にひとりでなんて。この時は完全に変なテンションだったんです（笑）。中小国って無人駅なのに、たまたま若い女の子のお客さんがいて。私も四、五キロ歩いてここまで来たという、すごい達成感があったんです。高い山に登って登頂したような気分になっていて、山頂に着いたら、やっぱり記念写真がほしいじゃないですか。完全に勢いで、不審者っぽかったかも……。でも、こういう辺境みたいなところに行くと、人に話しかけるハードルがめちゃくちゃ下がる気がします。

千葉　ああ、いつもよりいけちゃうというか。

能町　普段よりね。旅先でも、電車で話しかけて来る人、たまにいますよ。

千葉　偶然ツイッターで出会った方と稚内を一緒に巡ったって書いてあったじゃないですか。ああいうのもあります？

能町　いやあ、あれも珍しくて。旅先で出会って一緒に旅するなんてこと、あとは尻屋崎でのドライブぐらいじゃないかな。

千葉　旅慣れしていない身分の僕としては、夢があるというか。

能町　ひとり旅だからそういうことがあるのかもしれない。二人だと、やっぱり声かけられないし。ひとり旅は意外なことが起こって楽しい。困るのはごはんくらいかな。

千葉雄大の気になりポイント③（57ページ）

千葉　三陸海岸の章の「やっぱり私の旅にはいつも『意味もなく歩いて迷う・困る』がつきまといます」ってところ、すごくわかると思いました。

能町　あっ、うれしい。

千葉　僕、初めて行った場所でも「ここ知ってる」って思っちゃうことがあるんです。多分「あそこに似ている」というデジャブ感だと思うんですけど。ここ曲がったらローソンがあるはず、なんて当てずっぽうでどんどん歩いていって、結果わからなくなっちゃう。僕、グーグルマップ、読めないんで。で、迷いに迷って、最終的にタクシーに乗って帰るという。

能町　そんなに歩き回るの。

千葉　はい。けっこう歩きます。

能町　普通に旅行先の知らない町で、でしょ。

千葉　はい。だからバリに行った時もそんな感じで歩いて、それはそれで面白かったです。

能町　面白いですよね。私はわかりやすいところに行きたいとはあんまり思わないんです。北じゃなくても旅行に行くと、観光客が来ないところになるべく行きたいと思っちゃう。

千葉　でも、初めて行った旅先だと、観光客の来ないようなマイナーな場所を見つけるほうが難しくないですか？　とにかく歩き回って、気になったところにどんどん入ってみるの？

能町　そうそう。普通の住宅街とか、観光客は誰も来ないだろうというところに行くんだけど、まあ、観光地じゃないから基本的にそこには何もないんです。ただ行って、自分がここで日常を暮らしていたらどうだったんだろうと想像するの。生まれ育った場所として、この土地が見たいと思って。海外旅行に行ってもこれをやっちゃうんですよね。

千葉　えーっ。海外だと、場所によっては危なくないですか？

能町　ビビリだから、さすがに安全を保障されたところにしか行かないんで大丈夫。でも、どこへ行ってもバーチャル人生は考える。

千葉　それ、すごく面白いなと思ったんです。

能町　おすすめですよ、この方法。ひとり旅を楽しむ第一の方法だと私は思ってます。NYへ行った時も、NYの人だったらと思いながら過ごしていた（笑）。英語しゃべれないのに。

千葉　それ、すごいですよね。NYで。

能町　お上りさんみたいにならないで、迷っていても、自分のメンタルの中では、地元の人がうっかり間違えたつもりでね（笑）。

千葉　Oops！みたいな（笑）。僕も、その場所に馴染もうとするほうで、NYに行ったらマグノリアベーカリー行くとか、パリに行ったらフランスパン囓るとか、そんなことをしてみる時もあるけど、能町さんみたいに何もしないで街に溶け込むって高度な技だなと思って。定点カメラで見たいです、能町さんが平静を装って街を歩いている姿を。

能町　何を知ったふうに歩いているんだ、という感じだと思うんだけど（笑）。

だからスーパーに行くのが好きなんですよ。マグノリアベーカリーみたいな名物よりは、住んでたら来ますよという場所が好き。稚内とか北海道の隅っこに行っても、スーパーには必ず寄ります。
この間、金沢行った時は喫茶店のママさんと仲良くなって。普段、何食べているんですかと聞いたら、近所のスーパーで見切り品を買ってきて食べるのよって言うから、じゃあ、私もそれにしますって、見切り品買って、閉店後の喫茶店で食べた（笑）。南に行くと、そういう日常感がぎこちなくなっちゃう気がして、なんだか馴染めないんですよ。

千葉 旅って、非日常を求めに出かけることが多い気がするんですけど、能町さんは日常を求めに行くんですね。

能町 日常なんだけど、自分の中で別人格なんですよ。別の人生があったなら、という。

千葉 もし一カ月くらい旅ができるとしたら、働きます？

能町 わあ、いいこと聞きますね。

千葉 番組の企画で「二週間、海外に行くならやりたいことあります？」って聞かれた時に、僕「働きたいです」って言ったんです。番組的に実現はできなかったんですけど、その場所に根ざすとなったら、働くことも入ってくるのかなと思って。

能町　ああ、たしかに。やってみたい。求人の紙を見るのも、好きです。

千葉　ああっ。パート募集みたいな。

能町　そうそう。けっこう見る。海外で見たことはないけど、日本だと田舎の駅に求人の薄いパンフレットが置いてあるんです。働き口があんまりなくて、わりと絶望するんだけど（笑）。

千葉　僕、レジとかやりたいです。

能町　私もやりたいです。この本にも「新潟でコンビニ店員をやりたい」って書いたけど、コンビニバイトは大学の時にやっていて。あっ、グリーンランドのコンビニ店員もできる気がする。KAMIKというコンビニは日本のコンビニより規模が小さいんですけど、レジ横に揚げ物があったり、コンビニらしいコンビニで。あそこだったら、言葉の問題はあるけど、やれそうな気がするなあ。

千葉　無口な感じを装えば、いけそうですよね。

千葉雄大の気になりポイント④（79ページ）

千葉　それから、方言の話なんですけど、下北半島のバスで地元のおばあちゃんが「停めてクサイ！」って言ってますが、宮城では、多分「停めてケサイ」になるんです。
能町　あっ、「ケサイ」！　聞いたことある。その系統なのかもね。
千葉　北海道と宮城の方言は似てるようでちょっと違うんですよね。青森はまた全然違う。
能町　特に津軽だけは全然違います。もう外国語並みに聴き取りが厳しい。
千葉　方言って面白いですよね。
能町　方言、大好き。北海道は東北や北陸の方言が混ざったような方言なんだよね。そっちから来ている人が多いから。仙台は都会だし、ちょっと薄まっちゃっているところがある。福島のほうが全然濃い。

千葉　山形も濃いですね。「〜だず」って。

能町　秋田もちょっと発音が違うんだよね。エとアの中間みたいな音があって、「〜ドエ」みたいに言うから、ちょっと異国感が。

千葉　秋田は、イントネーションの違いもあったりして。「うしろ」じゃなくて、「ウしろ」とか。

能町　津軽弁は誰かに教えてほしいぐらい興味あります。

千葉　カルチャーセンターで津軽弁講座とかあったらいいのに。あったら僕、通いたいです。

能町　やってほしいね。

千葉雄大の気になりポイント⑤（21ページ）

千葉　「私が初めて意識的に『北』に行ったのは、大学の卒業旅行」とありますが、卒業旅行が初めての北だったんですね。

能町　ひとりで北海道に行きました。

千葉　僕は大学在学中にモデルを始めて、卒業してないから行ってないんですよ。卒業旅行、行きたかったな。

能町　どこに行きたかった？

千葉　高校時代の友だちとずっとイギリスのリバプールに行こうと言っていて。バンドのライブを見に行くという目的しかない旅。叶えられなくて残念です。

能町　いいね。今は、お休みはあるの？

千葉　はい。わりとちょくちょく。連休はないですけどね。

能町　そういう時、旅行に突発的に行ったりは？

千葉　この間、長野の松本にひとりで行きました。旅行サイトを見るのが好きで、ただ見ていただけなのにはずみで予約しちゃって。休みだったし、じゃあひとりで行こうかなと。草間彌生さんが好きなので、草間さんの作品がある美術館に行くことだけ決めて、そこに行って、あとはやることないので、ただ歩いてました。

能町　私とあんま変わんないじゃない。

千葉　エーッ。でも、僕の旅は能町さんのみたいに面白くないですもん。

能町　いや、だって普通の人の旅行って、周りに何があるか、ここがおいしいとか綿密に調べて、そこに行ったりするじゃないですか。

千葉　ひとりだと、あんまないです。そういうの。

能町　あっ、やっぱりひとり旅ってそうなるんだ。ただただ散歩しているの？

千葉　旅館のまわりとか住宅地とかを、ただ歩いてました。

能町　だいたい住宅街を散歩する時点で、ひとり旅の才能の片鱗を感じますよ。

千葉　でも、東京にいる時のほうが、住宅街をよく散歩してるかも。松濤とか元麻布とかのお金持ちエリアとか。

能町　散歩、好きなんだね。歩くのが苦にならないんだったら、ひとり旅は向いている気がする。さっきの松本の旅みたいなのをもっとやってほしいですね。私の勝手な希望で、ひとり旅仲間に引き入れたい。仲間って言っても、一緒に旅はしないんだけど（笑）。

千葉　なんの同盟なんだか（笑）。じゃあたとえば、旅は各々好きなところに出かけて、ごはんだけ一緒に食べることにして、現地で集合するっていうのはどうですか？

能町　それ、すごいいい！　それは考えたことなかった。ひとり旅のごはんは迷うことが多くて、ごはんの時だけ誰かいたらいいのに、と思うから。

千葉　いいですね。そういうひとり旅サークルやりたいですね！

能町　ごはんだけ集合して、ただ歩いた成果を報告し合う（笑）。プライベートで普通にやりたいね、そういうの。サークル、立ち上げましょう。ひとり旅サークル。

千葉　どうやって募集すればいいんだ（笑）。

能町　「一緒にワイワイ、みんなで旅しよう」じゃない旅だもんね。ごはん屋さんに現地集合、その日の夜解散。ホテルすら違うという。

千葉　ホテルすら違うんだ（笑）。でも、ひとり同士だと、集まっても「明日はどこ回ります？」みたいな話にならずに、その場できれいに別れられて、なんだかすごく自然でいいなと思って。

能町　そうだね。「チームひとり旅」やりたいですね。

千葉　チームに入りたい方はぜひ履歴書を送ってください。僕が審査する立場でもないんですけど（笑）。

能町　ひとり旅にかける思いを綴ってもらって。

千葉　秋口が歩きやすいかもしれない。行先はどこがいいですか？

能町　個人的には、ただ北に行きたいだけだけど。千葉くんは？

千葉　僕は香川に行きたいです。

能町　私、カマタマーレ（讃岐）の取材していたから、香川は詳しいですよ。

千葉　直島もいいですよね。

能町　いいね。直島は狭いから、会っちゃいそうだけど。

千葉　会っても、散歩中はちゃんと知らんぷりしないと（笑）。

能町　知らんぷりするんだ（笑）。

千葉　ひとり旅プレイですよ。あ、能町さん、仙台はあんまり詳しくないということだったので、希望の北方面ってことで、宮城に行くのはどうですか？

能町　あっ、行きたい行きたい。

千葉　でも僕、ほんとに地元と仙台市内しかわからないんですけど。

能町　そしたら、宮城を各々ひとり旅した後、仙台のどこかで合流。それがいいね。

千葉　夜は一緒においしいお酒とおいしいものを。で、別々のホテルに帰ると（笑）。ぜひやりましょう。

能町　楽しみです。

あとがき

ここまで逃北のことを書いてきてまだ自信が持てないのは、根本的に「北に逃げたい」という感覚を共有してもらえるのかどうかということです。

私は、世間一般の人が辛いときに持つ「南国にでも逃げてのんびりしたい」という気持ちについては説明もなく多くの人に共感してもらえるのだから、逆に「北に逃げたい」という気持ちについてもそんなに説明がいらないだろうと思っていたのです。なんとなく北の殺伐とした風景の中に逃げて落ちつきたい、というだけで分かってもらえる感覚があると思っていたのです。

しかし、北国出身の担当編集・馬場さんによると、その感覚はまったく分からないので、きちんと説明したほうがいい、という。

当たり前だと思っていたものを掘り下げて説明するのは難しい。私は、自分の心の深奥《しんおう》に踏み入って、なるべく丁寧にこの気持ちを分析してみました（特に「逃北から敗北へ」の章で）。しかし、はっきりと分解しきれたとは言えません。寒いところなんていやだ、と条件反射的に考えてしまう人にこの気持ちを理解してもらうには、まだまだ分析が足りなさそうです。

ところで、ごく最近、法事で実家に帰って、ふと思ったことがありました。

私はどうやら、おそらく元来は過剰なほどに保守的で封建的な考えを持っているようなのです。親族に会うなどして話したときのことを客観的に振り返ると、私は、親戚づきあいは密にするべきであり、近くの他人より遠くの親戚、できることなら生まれ育った地元で仕事をし、男は男らしく、女は女らしくするべき、というような、時代錯誤と言っていいほどの古い考えを良しとしているようなのでした。

しかし実際の私はまるでそれと逆。人見知りな性格もあって親戚づきあいは二十人以上いる従兄弟の誰とも連絡を取っておらず、遠くの親戚は名前も知らず、男は男らしく女は女らしくという思いが強いあまり、男らしさから解放されたくなって性転換までしている（詳しくは文春文庫『オカマだけどOLやってます。完全版』にて）。そしてこういった言動を、自らの主義に合わず恥ずかしいとすら思っているのです。

だから私は、主義と言動が倒錯した自分の罪滅ぼしのように、わざわざ保守的な気持ちに沿う、自らがしばられる地を求めているのかもしれない。しばられる地としては、太陽の降り注ぐ温暖なところよりも、どんより曇って殺伐とした街のほうがふさわしいですものね。もちろん、私にとって北はルーツでしばられる場所でもある。私は北に行ったときに、理想の自分を仮想体験して楽しんでいるんでしょう。

ともあれ、逃北の思いはどれほど分析しても分析しきれないけれど、北が好きだという気持ちだけは確実。これからも私は何かが嫌になったら北に逃げ出していることでしょう。

最後に、この企画を通してくれた馬場さん（新潟出身＝北）、ウェブ担当の内田さん（青森在住経験アリ＝北）、装丁の関口さん（茨城出身＝まあまあ北？）、そしてウェブ連載から読んでくれた皆さま、本当にありがとうございました。

ぜひ北で会いましょう。

能町みね子

二〇一二年クリスマスイブ、突発的にひとりで逃げて来てみた雪降る仙台にて

初出

WEBコミックエッセイルーム
（http://crea.bunshun.jp/comic-essay/）
2011年8月〜2012年9月掲載分を再編集・加筆し、再構成しました。

単行本　2013年2月　文藝春秋刊

文春文庫

定価はカバーに表示してあります

逃《とう》北《ほく》
つかれたときは北《きた》へ逃《に》げます

2016年10月10日　第1刷

著　者　能町《のうまち》みね子《こ》
発行者　飯窪成幸
発行所　株式会社　文藝春秋

東京都千代田区紀尾井町 3-23　〒102-8008
TEL　03・3265・1211
文藝春秋ホームページ　http://www.bunshun.co.jp

落丁、乱丁本は、お手数ですが小社製作部宛お送り下さい。送料小社負担でお取替致します。

印刷・図書印刷　製本・加藤製本
Printed in Japan
ISBN978-4-16-790716-7

（　）内は解説者。品切の節はご容赦下さい。

中村うさぎ
閉経の逆襲
ババア・ウォーズ2
降って湧いた女王様の妊娠疑惑に、仲間たちが開催した「妊娠対策会議」は大盛り上がり。果たして女王様＆オカマたちの子育て計画の行方は如何に!?　三砂ちづる教授との特別対談も収録。
な-41-13

中村うさぎ
税務署の復讐
ババア・ウォーズ3
かつて港区役所と死闘を繰り広げた女王様。引越を機に「借金してでも税金払え」とほざく渋谷区役所との新たな戦いが！　女装家ブルボンヌとの「ゲイと女装とコスプレと」対談も収録。
な-41-14

半井小絵
半井小絵のお天気彩時記
七時二十八分の天使と呼ばれた元NHKお天気キャスターの〝お天気エッセイ〟。八十八夜、エルニーニョなど季節の話題を独自の視点で分かりやすく解説。撮り下ろしグラビア写真付。
な-64-1

乃南アサ
いのちの王国
大の動物好きで知られる著者が、旭山動物園、美ら海水族館、上野動物園など、全国の動物園、水族館を訪ね歩いた、感動の動物エッセイ集。文庫版オリジナル、アフリカ動物紀行も収録。
の-7-8

野中　柊
きらめくジャンクフード
人生に必要なのは、愛と勇気とジャンクフードなのだ！　ハンバーガーやポップコーン、アップルパイにあんみつ、たこやきまで48種を厳選したエッセイ集。幸せのレシピをご堪能あれ。
の-13-2

能町みね子
オカマだけどOLやってます。完全版
実はまだ、チン子がついてる私の「どきどきスローOLライフ」。オトコ時代のこと、恋愛のお話、OLはじめて物語など、大人気イラストエッセイシリーズの完全版。　（宮沢章夫）
の-16-1

能町みね子
くすぶれ！　モテない系
容姿は人並み。恋愛経験もゼロじゃない。でも、常にモテないオーラ溢れるモテない系女子を憐れみ、いじくり倒したエッセイ。漫画家・久保ミツロウとの対談「モテない系の生き道」収録。
の-16-2

（　）内は解説者。品切の節はご容赦下さい。

トロピカル性転換ツアー
能町みね子

『オカマだけどOLやってます。完全版』の後日談。旅行気分で気軽にタイで性転換手術♪の予定が思いもかけない展開に!? トロピカル感満載の脱力系イラストエッセイ。（内澤旬子）

の-16-3

言葉尻とらえ隊
能町みね子

ニュースや芸能人ブログなどで見聞きして、妙にひっかかった言葉の数々。その言葉から漂う〝モヤモヤとした違和感〟の正体を、能町みね子が明らかに！「週刊文春」人気コラム。

の-16-4

狂言サイボーグ
野村萬斎

狂言におけるカマエとは「隙なく立つこと」――。「胸で見る」極意から演者のもつ「背中」の重要性まで、日本の身体文化の深淵に光をあてた名著。（齋藤　孝）

の-17-1

思想する住宅
林　望

家は北向きの方が良い？　畳敷きの和室は現代人には不要？　リンボウ先生が、自身の経験やイギリスでの見聞から、固定観念を捨て理想の家について縦横無尽に語り尽くす！（林　大地）

は-14-10

柚子は九年で
葉室　麟
随筆集

西日本新聞掲載の文章を中心とした著者初の随筆集。墓場鬼太郎、如水、るしへる、身余堂、散椿、龍馬伝、三島事件、志在千里など、とりどりのテーマに加え、短編「夏芝居」を収録。

は-36-5

暴走老人！
藤原智美

役所の受付で突然怒鳴り始める。コンビニにチェーンソーで脅しをかける。わずかなことで怒りを爆発させる老人たちの姿と、その背後にある社会や生活の激変を考察する。（嵐山光三郎）

ふ-29-1

ルリボシカミキリの青
福岡ハカセができるまで
福岡伸一

花粉症は「非寛容」、コラーゲンは「気のせい食品」？　生物学者・福岡ハカセが最先端の生命科学から教育論まで明晰、軽妙に語る。意外な気づきが満載のエッセイ集。（阿川佐和子）

ふ-33-1

（　）内は解説者。品切の節はご容赦下さい。

阿川佐和子
いつもひとりで
ジャズ、エステ、旅行に食事。相変わらずパワフルに日々を送るアガワの大人気エッセイ集。幼い頃の予定を大幅に変更して今後は「いつもひとり」の覚悟をしつつ……？　（三宮麻由子）
あ-23-12

浅田次郎
君は嘘つきだから、小説家にでもなればいい
裕福だった子供時代、一家離散の日々で身につけた習慣、二人の母のこと、競馬、小説。作家・浅田次郎を作った人生の諸事が綴られた文章に酔いしれる、珠玉のエッセイ集。
あ-39-14

麻生圭子
東京育ちの京都探訪
火水《かみ》さまの京《みやこ》
京都に暮らして12年になる著者の目は「観光」から「探訪」へと進化した。著者の目に映った火と水――京都の12カ月から美しい陰影を描き出す珠玉のエッセイ。　（山本兼一）
あ-40-4

浅草キッド
お笑い　男の星座
芸能私闘編
プロレスラー・小川直也の暴走ぶりから元ボクサー・ガッツ石松の〝幻の右〟まで。格闘技界と芸能界の裏の裏まで知っている人気お笑いコンビによる抱腹絶倒の活字漫才！　（坪内祐三）
あ-41-1

安野モヨコ
食べ物連載
くいいじ
激しく〆切中でもやっぱり美味しいものが食べたい！　昼ごはんを食べながら夕食の献立を考える食いしん坊な漫画家・安野モヨコが、どうにも止まらないくいいじを描いたエッセイ集。
あ-57-2

嵐山光三郎
とっておきの銀座
昼下がりのぜいたくランチ。もらって嬉しい粋な手みやげ。和洋老舗の逸品小物――。銀座の街には、人間を上等にしてくれる品々がそろっています。お出かけの際には本書をお忘れなく。
あ-58-1

朝井リョウ
時をかけるゆとり
カットモデルを務めれば顔の長さに難癖つけられ、マックで休憩すれば黒タイツおじさんに英語の発音を直され。『学生時代にやらなくてもいい20のこと』改題の完全版。　（光原百合）
あ-68-1

（　）内は解説者。品切の節はご容赦下さい。

伊集院　静
伊集院静の流儀
危機の時代を、ほんとうの「大人」として生きるために——。今もっとも注目を集める作家の魅力を凝縮したベストセラーが待望の文庫化。エッセイ、対論、箴言集、等々。ファン必携の一冊。
い-26-18

伊集院　静
眺めのいい人
井上陽水、北野武、色川武大、松井秀喜、武豊、宮沢りえ、高倉健など、異能の人々の素顔が垣間見える、著者ならではの交遊録。大ベストセラー『大人の流儀』は、本書があってこそ生まれた。
い-26-19

石田衣良
目覚めよと彼の呼ぶ声がする
都市、音楽、家族、文学——。あらゆるテーマに軽やかに、かつ鋭く切り込む刺激に満ちたエッセイ集。石田衣良を形作ったのは何かを知る、ファン必読の一冊。インタビューを新たに収録。
い-47-13

石田　千
平日
朝の上野、昼の円山町、夜の泉岳寺……。「平日」の東京が見せる豊かな表情を活写。ときに妖しく、ときに切なく、ときに奇妙なユーモアに満ちた珠玉のエッセイ11篇。（南　伸坊）
い-83-1

内田春菊
『私たちは繁殖している』うらばなし
あなたも妊婦写真を撮ろう
好評シリーズ漫画『私たちは繁殖している』では描けなかった、第二子出産から現在までをイラストと文章で綴った「裏話」。妊娠、出産の楽しさ、世間の不合理さを軽妙なタッチで描く。
う-6-15

宇江佐真理
ウエザ・リポート　笑顔千両
妻であり、母であり、作家である——。髪結い伊三次シリーズで人気の女流作家が初めて素顔を明かしたエッセイ集。創作秘話とともに、一人三役をこなす多忙にして愉快な日々が綴られる。
う-11-12

内田　樹《たつる》
街場の現代思想
「バカ組・利口組」に二極化した新しい階層社会が形成されつつある日本で求められる文化資本戦略とは何か？　結婚・お金・転職の悩み……著者初の人生相談も必読！（橋本麻里）
う-19-3

（　）内は解説者。品切の節はご容赦下さい。

内田　樹
ひとりでは生きられないのも芸のうち
ウチダ先生と一緒に考える結婚のこと、家族のこと、仕事のこと。現代社会を生きのびるための示唆にあふれたエッセイ集。特別座談会「お見合いは地球を救う」を併録。（鹿島　茂）
う-19-9

江國香織
やわらかなレタス
ひとつの言葉から広がる無限のイメージ――。江國さんの手にかかると、日々のささいな出来事さえも、キラキラ輝いて見えだします。読者を不思議な世界にいざなう、待望のエッセイ集。
え-10-3

奥田英朗
用もないのに
旅の誘いを断われない中年作家が、北京で野球観戦、ニューヨークでジャズ鑑賞、絶叫ジェットコースター体験、お遍路さんまでやってみた。脱力度120%、出たとこ勝負のおやじ旅！
お-38-4

奥田英朗
どちらとも言えません
サッカー後進国の振る舞いを恥じ、プロ野球選手の名前をマジメに考え、大相撲の八百長にはやや寛容？　スポーツに興味がなくても、必読。オクダ流スポーツで読み解くニッポン！
お-38-7

岡田光世
ニューヨークの魔法のことば
世界一のにぎやかさと淋しさを抱える街・ニューヨーク。罵声やクラクションの喧騒の中でも、耳を澄ませばニューヨーカーの温かいことばが聞こえてくる。人気シリーズ第三弾。（山本一力）
お-41-3

岡田光世
ニューヨークの魔法のさんぽ
この街を散歩しながらもらった温もりを届けたい。きっと歩き出す勇気をくれるから。大好評「ニューヨークの魔法」シリーズ第四弾。カラー写真満載の文庫書き下ろし。（市橋栄一）
お-41-4

岡田光世
ニューヨークの魔法のじかん
岡田さんがニューヨークで出会った何気ない街角の出来事を英語のワンフレーズと共に綴る、全編書き下ろしの人気エッセイ第五弾！　今作では東北編も特別収録。（米山由香里）
お-41-5

（　）内は解説者。品切の節はご容赦下さい。

大宮エリー
生きるコント

毎日、真面目に生きているつもりなのに……なぜか、すべてがコントになってしまう人生。作家・大宮エリーのデビュー作となった、大笑いのあとほろりとくる悲喜劇エッセイ。（片桐　仁）

お-51-1

大宮エリー
生きるコント 2

笑ったり泣いたり水浸しになったり。何をしでかすか分からない〞嵐を呼ぶ女〞大宮エリーのコントのような爆笑エッセイ集、第2弾。読むとラクになれます。（松尾スズキ）

お-51-2

太田光代
奥さまは社長　爆笑問題・太田光と私

爆笑問題・太田光の妻にして事務所社長。強烈なキャラクターで人気上昇中の著者の、ほぼ書き下ろし文庫。過剰な愛と普通じゃない爆笑エピソードの数々。太田光のあとがきも収録。

お-53-1

角田光代
これからはあるくのだ

住んでいる町で道に迷い、路上で詐欺にひっかかるといった大ボケぶりのカクタさん。騙されても理不尽な目に遭っても自らの身に起こった事件を屈託なく綴るエッセイ集。（三浦しをん）

か-32-1

川上未映子
世界クッキー

読んだあとはどこか世界が変わってみえる——体、言葉、季節、旅、本、日常やあれこれ。『乳と卵』で芥川賞を受賞し、話題作を発表し続ける川上未映子が放つ、魅惑のエッセイ集。

か-51-2

河野裕子・永田和宏
たとへば君《きみ》　四十年の恋歌

乳がんで亡くなった歌人の河野裕子さん。大学時代の出会いから、結婚、子育て、発病、そして死。先立つ妻と見守り続けた夫。交わした愛の歌380首とエッセイ。（川本三郎）

か-64-1

河野裕子・永田和宏・その家族
家族の歌　河野裕子の死を見つめて

母・河野裕子の死をはさんで二年にわたって続けられた、歌人家族によるリレーエッセー。孫たちのこと、娘の結婚、子どものころの思い出……。そのすべてが胸をうつ。（永田　紅）

か-64-2

（　）内は解説者。品切の節はご容赦下さい。

桐野夏生
白蛇教異端審問
常に時代の最先端を行く問題作を発表してきた著者が、直木賞前後から世間の理不尽との闘いまで日々の生活を書き綴った初のエッセイ集。ショート・ストーリー五篇も収録。（東野圭吾）
き-19-11

北尾トロ
ブラ男の気持ちがわかるかい？
中高年のお見合いパーティーに潜入しつつ、エッセイ教室に通い、男用のブラジャーをこっそりつけてみる。五十代男の千々に乱れるオヤジ心とあくなき探求心！　泣けます。笑えます。
き-26-5

久世光彦
ベスト・オブ・マイ・ラスト・ソング
末期の刻に一曲だけ聴くことができるとしたら、どんな歌を選ぶか——。14年間連載されたエッセイから52篇を選んだ〈決定版〉。小林亜星、小泉今日子、久世朋子の語り下し座談会収録。
く-17-7

宮藤官九郎
俺だって子供だ！
生まれたてなのに態度が部長クラスの娘「かんぱ」。その誕生から3歳までの成長を余すところなく観察した、爆笑の子育て苦行エッセイ！　巻末にかんぱ（5歳）との盗聴親子対談を収録。
く-34-1

宮藤官九郎
いまなんつった？
セリフを書き、セリフを覚え、セリフを喋って早20年。人生の半分をセリフと格闘してきた宮藤官九郎が思わず「いまなんつった？」と聞き返したくなる名&迷セリフ111個をエッセイに。
く-34-2

劇団ひとり
そのノブは心の扉
テレビでは明るく振舞う売れっ子芸人の、悶々とした日常。好奇心で催眠療法を受けたり、初恋の人に会うも結末はなぜかうまくいかず……。「週刊文春」好評連載の決定版。（水野宗徳）
け-5-1

佐藤愛子
冥途のお客
岐阜の幽霊住宅で江原啓之氏が見たもの、狐霊憑依事件、金縛り体験記、霊能者の優劣……。「この世よりもあの世の友が多くなってしまった」著者の、怖くて切ない霊との交遊録、第二弾。
さ-18-13

（　）内は解説者。品切の節はご容赦下さい。

柴門ふみ
ぶつぞう入門
ハンサムな仏像、可愛らしい仏像、ちょっとへんな仏像に会いたくて、京都・奈良・鎌倉・東北をウロウロした悦楽放浪記。瀬戸内寂聴さんとの対談も掲載、ガイド情報も満載の愛蔵版！

さ-25-2

酒井順子
黒いマナー
結婚式ひとつとっても、できちゃった婚、国際結婚、年増婚、再婚の場合……と年々複雑化するマナー。自らの黒い心を覆い隠すために身につけたい、負け犬世代のための「冠婚葬祭入門」。

さ-29-4

酒井順子
地下旅《チカタビ》！
鉄道好きとして名高い著者による「地下鉄」エッセイ集。約4年をかけてまわった地下鉄駅は、なんと50駅以上。独自の基準で選んだ、新・旧東京の名所をメトロを使って巡り尽くす！

さ-29-5

酒井順子
着ればわかる！
セーラー服に自衛隊、宝塚に巫女、ディスコクィーンにＡＫＢ！興味津津、アチラ側の女の世界の「衣装」を着てみたら……。五感で納得の深い考察。抱腹絶倒の絶品コラム集。

さ-29-6

酒井順子
本が多すぎる
〝現代の清少納言〟の呼び声高きエッセイストが、「本」を通して覗く多様な世界。母と娘、野心と老い、下ネタに女子心理に歌舞伎。読み応えたっぷりの最強読書エッセイ集！

さ-29-7

斎藤美奈子
それってどうなの主義
日の丸、靖国から、皇室報道、ファッション誌まで、オウム事件後十年間のニッポンの右往左往ぶりを、時には鋭く、時には皮肉たっぷりに論評する痛快エッセイ集。（池上　彰）
さ-36-8

堺　雅人
文・堺雅人
大きな話題を呼んだ、演技派俳優の初エッセイ。文庫版では蔵出しインタビュー&写真、作家・宮尾登美子さんとの「篤姫」対談や、作品年表も収録。役者の「頭の中」っておもしろい。

さ-60-1

（　）内は解説者。品切の節はご容赦下さい。

田辺聖子
女は太もも
エッセイベストセレクション1

オンナの性欲、夜這いのルールから名器・名刀の考察まで。切実な男女のエロの問題が、お聖さんの深い言葉でこれでもかと綴られる。爆笑、のちしみじみの名エッセイ集。（酒井順子）

た-3-47

田辺聖子
やりにくい女房
エッセイベストセレクション2

醜女と美人の収支は？　働き盛りと女盛りの関係、妻が病気の時の夫は？　相も変わらず赤裸々であたたか、人間が愛しくなるお聖さんの傑作ベストエッセイ第二弾！（土屋賢二）

た-3-48

田辺聖子
主婦の休暇
エッセイベストセレクション3

ええ女は、明敏にしてちゃらんぽらん!?　主婦の浮気問題、魅力ある男の家庭、世間的つきあいの真髄から原発問題まで、冴え渡るお聖さんの傑作復活エッセイ第三弾！（島﨑今日子）

た-3-49

俵　万智
百人一酒

一杯七千円の贅沢なお酒から一品百円の居酒屋まで、コーヒー焼酎に象鼻杯、手品バーに酒を讃《ほ》む歌……。三歳で味を覚え、ついにはお店を手伝うに至った著者の、爽快痛飲エッセイ。

た-31-6

竹内久美子
遺伝子が解く！　美人の身体《からだ》

生き物のセックスは情報戦なのだ！　ダルビッシュ有、ぶってぶって姫、阪神タイガース、赤ちゃんポスト、ギャル曽根などを俎上に動物行動学エッセイの新機軸を展開！（笹　幸恵）

た-33-15

高峰秀子
にんげんのおへそ

風のように爽やかな幸田文、ぼけた妻に悩まされる谷川徹三、超変人の木下恵介、黒澤明、そして無名の素晴らしい人たち。柔らかなユーモアと愛情でいきいきと綴る、心温まる交友録。

た-37-6

高峰秀子
コットンが好き

飾り棚、手燭、真珠、浴衣、はんこ、腕時計、ダイヤモンド……。これまで共に生きてきた、かけ替えのない道具や小物たちとの思い出を、愛情たっぷりに綴った名エッセイ。待望の復刻版。

た-37-7

（　）内は解説者。品切の節はご容赦下さい。

藤原美子
夫の悪夢
藤原正彦教授の夫人が綴る家族の記録。ユニークすぎる夫の実像、義父母である新田次郎・藤原てい夫妻の思い出、息子三人の子育て奮闘記など、抱腹絶倒のエッセイ集。（川上弘美）
ふ-34-1

穂村　弘
にょにょっ記
奈良の鹿を見習って、他の県でも一種類ずつ動物を放し飼いにしたらどうだろう？　歌人・穂村弘の不思議でファニーな世界へようこそ。フジモトマサルのイラストも満載。（西　加奈子）
ほ-13-2

星野　源
そして生活はつづく
どんな人でも、死なないかぎり、生活はつづくのだ。ならば、つまらない日常をおもしろがろう！　音楽家で俳優の星野源、初めてのエッセイ集。俳優・きたろうとの特別対談を収録。

ほ-17-1

堀江貴文
刑務所なう。完全版
長野刑務所に収監されたホリエモン。鬱々とした独房生活の中でも仕事を忘れず、刑務所メシ（意外とウマい）でスリムな体をゲット！　単行本二冊分の日記を一冊に。実録マンガ付き。

ほ-20-1

松任谷正隆
僕の散財日記
ナイキのシューズ、エルメスのハンドタオルetc.……衝動買いから、こだわりの車選び、そして記念日の贈り物まで、中年男子の生活と考察が赤裸々に描かれた好エッセイ集。（小山薫堂）
ま-22-1

万城目《まきめ》　学
ザ・万歩計
大阪で阿呆の薫陶を受け、作家を目指して東京へ。『鴨川ホルモー』で無職を脱するも、滑舌最悪のラジオに執筆を阻まれ、謎の名曲を夢想したりの作家生活。思わず吹き出す奇才のエッセイ。

ま-24-1

松本幸四郎・松　たか子
父と娘の往復書簡
2年間にわたって交わした往復書簡で、父は若き日を語り、娘は両親への想いを素直に伝える。舞台人として綴った互いの演劇論も魅力。読む者の胸に迫る、清冽で真摯な24通の手紙。

ま-26-1